Theodor Greve

Kritik der Quellen zum Leben des ältern Gracchus

Theodor Greve

Kritik der Quellen zum Leben des ältern Gracchus

ISBN/EAN: 9783743491021

Hergestellt in Europa, USA, Kanada, Australien, Japan

Cover: Foto ©ninafisch / pixelio.de

Manufactured and distributed by brebook publishing software
(www.brebook.com)

Theodor Greve

Kritik der Quellen zum Leben des ältern Gracchus

PROGRAMM

des

Real-Gymnasiums zu Aachen

für

das Schuljahr von Ostern 1882 bis dahin 1883,

womit zu der

öffentlichen Prüfung und Schlussfeier,

am 19. und 20. März,

im Namen des Lehrercollegiums ehrerbietigst einladet

der Direktor

Prof. Dr. Hilgers.

— ⚬ —

Inhalt

1. Kritik der Quellen zum Leben des ältern Gracchus, von dem Lehrer Theodor Greve.
2. Schulnachrichten, vom Direktor.

———

Aachen. 1883.

DRUCK VON ALBERT JACOBI & CO.

3. Progr.-№. 424.

Kritik der Quellen zum Leben des ältern Gracchus.

Gleichzeitige Quellen zu dem Leben des ältern Gracchus sind nicht mehr vorhanden; auch die Überlieferung des letzten Jahrhunderts der Republik und des ersten der Kaiserzeit ist nur in compendienartigen Darstellungen [1], Fragmenten [2] und vereinzelten, gelegentlichen Notizen [3] meistens nicht geschichtlicher Schriften erhalten. Diese sind für die Beurteilung der Bestrebungen des Tib. Gracchus fast wertlos und haben als Reste einseitig optimatischer Geschichtschreibung nicht einmal den Reiz, durch eine verschiedene Auffassung und Darstellung der Ereignisse uns das leidenschaftliche Ringen der Parteien ahnen zu lassen. Die ältesten zusammenhängenden Darstellungen, bei Plutarch [4] und Appian [5], zwei Griechen, führen uns in das zweite Jahrhundert n. Chr. und geben im allgemeinen von einer wesentlich verschiedenen Auffassung aus. Die Nachrichten aus der folgenden Zeit beschränken sich wieder auf Auszüge [6] und Fragmente [7]. Wenn also Plutarch und Appian die Hauptquellen sind, und neben ihnen die übrigen nur accessorischen Wert besitzen, so wird unsere Untersuchung naturgemäss besonders auf jene sich erstrecken müssen. Ihre Berichte werden also zu prüfen sein hinsichtlich ihrer Q u e l l e n und ihrer i n n e r e n G l a u b w ü r d i g k e i t.

I. Die Quellen Plutarchs und Appians.

Da die Frage in betreff der Auswahl und Behandlung der Quellen von seiten des Plutarch und Appian durch einen Vergleich mit Originalberichten nicht entschieden werden kann, so ist unsere Untersuchung hingewiesen auf die e i g e n e n A n g a b e n derselben, auf die genannten F r a g m e n t e und Notizen der republikanischen Zeit und auf Schlüsse aus dem C h a r a k t e r ihrer Darstellungen. — Was zunächst die eigenen Angaben betrifft, so nennt keiner seinen Hauptgewährsmann. Appian enthält sich überhaupt aller Quellen-

---

[1] Liv. epit. l. 58; Vell. Paterculi hist. rom. II. 2.

[2] Sempr. Asellio bei Gell. N. A. II. 13; Val. Antias bei Gell. VII. 9. 12 (Peter: hist. rom. rell.).

[3] Auct. ad. Herennium IV. 55; Cicero und Val. Maximus an zahlreichen Stellen; Sallust. Jug. 31. 7; 42. 1; Diodor 34. 24.

[4] Leben des Tib. Gracchus.

[5] Bell. civ. I. 7—18.

[6] Jul. Flor. epit. III. 13; (Aur. Victor) de viris illust. 64; Jul. Obsequ. prod. 86; Orosius hist. V. 8.

[7] Dio Cassius fragm. Peiresc. 86.

angabe, während allerdings Plutarch nicht nur durch allgemeine Hinweise *) auf seine Vorlagen zu erkennen giebt, dass er zahlreiche Berichte vor sich hatte, sondern auch bei einigen, namentlich controversen Punkten auf bestimmte Gewährsmänner sich beruft. Er nennt nämlich als Quellen den Polybius"), Fannius"), C. Gracchus¹⁰) und Nepos¹¹). Kann natürlich an Polybius als Quelle des Plutarch nicht weiter gedacht werden, da sein Werk diese Zeit nicht mehr umfasste, so hat es doch nicht an Versuchen gefehlt, den Fannius¹²) oder C. Gracchus¹³) als die Hauptquellen Plutarchs zu erweisen. — Den Fannius nennt Plutarch als Gewährsmann für die Nachricht, dass Tib. Gracchus bei der Belagerung Carthagos zuerst die feindlichen Mauern erstiegen habe. Die Art und Weise, wie Plutarch den Fannius hier citiert, legt die Vermutung nahe, dass dieser seine Hauptquelle nicht sei. Denn weshalb sollte er ihn als Gewährsmann für eine einzelne Notiz nennen, wenn er auch das übrige ihm verdankte? Das Verhältnis ist eben dies, dass Plutarch aus einer anderen Quelle stillschweigend die vortrefflichen Eigenschaften des Tiberius schildert, in dieser aber wol jene Notiz nicht fand. Diese aber hielt er, der nichts mehr liebt als die Anekdote, für wichtig genug, um sie unter Berufung auf einen angesehenen Gewährsmann aufzunehmen. — Einen weitern Beweis für die Benutzung des Fannius hat man im Kap. 14 gefunden. Hier giebt Plutarch den Hauptgedanken einer Schmährede des Q. Metellus gegen Tib. Gracchus. Da den Inhalt einer solchen Rede Fannius in seine Annalen aufgenommen hatte¹⁴), so ist es an sich möglich, dass dieser auch hier Plutarchs Quelle sei. Allein der Inhalt jenes Fragmentes und der Zusammenhang, in dem dasselbe bei Plutarch erscheint, verbieten diese Annahme. Denn der ganze Vorgang macht im höchsten Grade den Eindruck der Unwahrscheinlichkeit. Plutarch berichtet an jener Stelle von den Rogationen des Tiberius in betreff der pergamenischen

---

*) Cap. 4 τινὲς ἀναφέρουσιν, οἱ πλείονες ὡς ἡμεῖς γράφομεν ἱστοροῦσιν; ebenso cap. 21; cap. 8 οἱ πλεῖστοι, ἔνιοι, ἄλλοι λέγουσιν.

⁹) Cap. 4.

¹⁰) Cap. 8.

¹¹) Cap. 21. Da die aus Nepos geschöpfte Nachricht den Tib. Gracchus nicht betrifft, so beschränken wir uns auf die Bemerkung, dass der mutmassliche Standpunkt des mit Cicero befreundeten Nepos (Gell. N. A. 15. 28. 1). eine weitere Benutzung desselben nicht vermuten lässt.

¹²) Herm. Peter: Die Quellen Plutarchs in den Biographien der Römer. Halle 1866. S. 97 uff. W. Nitsch: Die Röm. Annalistik von ihren ersten Anfängen bis auf Val. Antias. Berlin 1871. S. 229.

¹³) Böhme: Beiträge zur Geschichte der Gracchen. Progr. Putbus. 1868. S. 5.

¹⁴) Cic. Brut. 21. 81. Q. Metellus, ... cuius et aliae sunt orationes, et contra Tib. Gracchum exposita est in C. Fannii annalibus. Es ist beachtenswert, dass also nur der Inhalt der Rede bei Fannius stand, und nicht, wie Peter: Quellen u. s. w. S. 97, und Ranke: Weltgeschichte III. 2. S. 217 annehmen, die Rede selbst. Denn schon diese Form der Aufnahme der Rede bei Fannius erweist die Entlehnung derselben von seiten Plutarchs als viel weniger wahrscheinlich.

Erbschaft und von der Bekämpfung derselben durch die Senatoren. Pompejus wirft ihm vor, wie er als Nachbar wisse, dass Eudemus aus Pergamum ihm als zukünftigem Könige Roms das königliche Diadem gegeben habe. Dann tritt Metellus gegen ihn auf mit der Beschimpfung, dass er in der Nacht von verworfenen Menschen sich mit Fackeln nach Hause begleiten lasse, während unter der Censur seines Vaters die Bürger aus Furcht die Lichter ausgeblasen hätten, wenn dieser von einem Gastmahle nach Hause zurückgekehrt sei. Zunächst enthält der Vorwurf des Pompejus einen offenbaren Anachronismus. Denn zu jener Zeit war die Herrschaft der Aristokratie in Rom so fest begründet, dass selbst der Gedanke an die Gefahr einer Tyrannis nicht aufkommen konnte, weil in den damaligen Verhältnissen es an allen Voraussetzungen für eine solche fehlte. Mit jenem Vorwurfe also würde ein Gegner des Tiberius eher sich selbst zur Zielscheibe des Spottes, als diesen zum Gegenstande der Befürchtung und des Hasses gemacht haben. Wenn daher jenes Redefragment nur das Erzeugnis einer späteren Zeit sein kann, in der das Auftreten ehrgeiziger Heerführer die in demselben ausgesprochene Befürchtung als nicht unbegründet erwiesen hatte, und wenn dasselbe wohl unzweifelhaft aus einer Rhetorenschule[15]) hervorgegangen ist, so dürfte dem dicht daneben in demselben Zusammenhange stehenden anderen Fragmente kein anderer Ursprung zuzuschreiben sein. Ferner aber konnte so der Vorschlag des Tiberius, die Schätze des Attalus unter das Volk zu verteilen und die Entscheidung über die Verwaltung der neuen Provinz den Tribus zu überlassen, vernünftigerweise nicht bekämpft werden[16]). Man würde also dem Fannius als Zeitgenossen des Tiberius eine grosse Ungeschicklichkeit zumuten mit der Annahme, dass bei ihm die Rede des Metellus in diesem Zusammenhange gestanden habe. Zu dieser aber würde man gelangen, wenn man die Abhängigkeit Plutarchs von jenem an dieser Stelle annehmen wollte. Um so mehr müssen wir die an jenes Fragment geknüpfte, ohnehin nur sehr schwach gestützte Hypothese[17]), dass Plutarch auch die anderen in seinen Text

---

[15]) Dass in diesen das Leben des Tib. Gracchus vielfach den Stoff zu den Beispielen hat liefern müssen, geht hervor aus Quintil. VII. 4. 13. Interdum ergo culpa in hominem relegatur: ut si Gracchus reus foederis Namantini . . . missum se ab imperatore suo diceret. Ferner Martian. Cap. V. p. 149. 18 Eyss. (Teuffel: Gesch. der röm. Lit. II. Aufl. S. 215.)

[16]) Selbst Nitsch: Die Gracchen und ihre nächsten Vorgänger, Berlin 1847, der jene Erzählung des Plutarch recipiert hat, muss die Unzulänglichkeit der Gründe des Senates zugestehen: „Was man darüber in den Curien vorbrachte, zeigt, dass man gerade an dem Punkte sich zu jedem Widerstande unfähig fühlte.“ (S. 316). Aber das Verfügungsrecht des Senates über die Provinzen war doch bis dahin ein so unbestrittenes, dass die Anhänger desselben dem Tiberius wol mit besseren Waffen, als mit Trivialitäten hätten entgegen treten können.

[17]) Otto Heinrich: de fontibus et autoritate Plutarchi in vitis Gracchorum, Dissert. Halle 1865, argumentiert S. 8: Porro Fannio auctori tribuenda arbitror, quae ex Metelli in Tib. Gracchum oratione deprompta leguntur Tib. 14. 3, quoniam Cicero hanc orationem illius annalibus insertam viderat, quo magis

eingeflochtenen Reden dem Fannius entlehnt habe, als hinfällig bezeichnen. Können wir so die Annahme einer weitergehenden Benutzung des Fannius durch Plutarch überhaupt nicht als genügend erweisbar erachten, so müssen wir die Möglichkeit, dass derselbe seine Hauptquelle sei, auf Grund seiner politischen Stellung und mutmasslichen Auffassung der Bestrebungen des Tiberius verneinen. Denn Fannius war, wenngleich früher Freund [18]) der Gracchen und als Schwiegersohn [19]) des Lälius in verwandtschaftlichen Beziehungen zu der Mittelpartei des Senates, als Consul 122 ein entschiedener Gegner des C. Gracchus, den er in einer Rede bekämpfte [20]). Wenn man nun berücksichtigt, wie sehr bei den Römern die geschichtliche Auffassung abhängig war von der politischen Stellung, so wird man nicht zweifelhaft sein, in welchem Sinne Fannius die Geschichte der Gracchen verfasst hatte. Dasselbe Urteil wird begründet durch das Lob, das Cicero [21]) seinen Annalen zollte, sowie durch die Thatsache, dass Brutus, der Freund des Cicero, sie für so wertvoll erachtete, dass er einen Auszug aus denselben machte, und dass Cicero aus diesem seine geschichtlichen Kenntnisse erweiterte [22]). Denn wie sollte ein Geschichtsbuch mit so antiquiertem, ja revolutionärem Standpunkte, wie ihn eine nur mässig wohlwollende Beurteilung des Tib. Gracchus würde verraten haben, gegenüber der argen, bewusster Weise in optimatischem Sinne geübten Geschichtsfälschung [23]) des letzten Jahrhunderts der Republik in den eben durch diese Geschichtsauffassung durchdrungenen Kreisen Roms Leser

conjectamus alias orationes, quas habet Plutarchus, ex Fannii annalibus sumptas esse. Willkürlicher kann man kaum verfahren. Denn auch seine erste Behauptung zugegeben, zugegeben ferner, dass der von Cicero erwähnte nicht der einzige Fall einer Einflechtung von Reden bei Fannius sei, so wäre diese Quelle doch nur eine von den vielen, die dem Plutarch wahrscheinlich zugänglich waren, ganz abgesehen vorläufig davon, dass auch die Echtheit seiner Reden gegenüber der ganz allgemeinen, den verschiedensten Zwecken dienenden Gewohnheit der alten Geschichtschreiber, fingierte Reden in ihre Werke einzuflechten, mannigfachen Zweifeln ausgesetzt ist. Vergl. darüber: Hochegger: De orationum in veterum historiis origine et vi brevis commentatio. Progr. Pressburg 1853, und: Rüdiger: De orationibus, quae in veterum scriptoribus Graecis et Latinis reperiuntur. Progr. Schleiz 1875.

[18]) Übrigens nennt Plutarch (cap. 9) unter den „rechtlichen und angesehenen" Männern, welche Tiberius bei seinem Gesetze zu Rate gezogen habe, den Fannius nicht.

[19]) Cic. Brut. 26. 101.

[20]) Brut. 25. 99.

[21]) Brut. 26. 101.

[22]) Cic. ad Att. XII. 5. 3.

Es ist eine zu äusserliche Auffassung, wenn Peter: Quellen u. s. w. S. 97 diese Bevorzugung des Fannius durch Brutus der mutmasslichen Ausführlichkeit seiner Annalen zuschreibt.

[23]) Nitsch: Röm. Annal. S. 346: Man darf sagen, eine Geschichtschreibung, so getränkt und gesättigt von dem Geist bewusster oder unbewusster Fälschung, wie die Römische während dieser Periode (von Fab. Pictor bis auf Val. Antias) gewesen sein muss, gehört zu den seltensten und unheimlichsten Erscheinungen.

und Freunde haben finden können²⁰)? Demgegenüber kann es nicht von Belang sein, dass die Notiz Plutarchs aus Fannius gegen Tiberius keine feindselige Gesinnung zeigt. Auch die gehässigsten Darstellungen haben die persönlichen Vorzüge desselben nicht angetastet. Aber wie, wenn Fannius gerade wegen seiner notorisch feindseligen Beurteilung desselben dem Plutarch als ein besonders schätzenswerter Gewährsmann für ein so ausserordentliches Lob eines so vielgeschmähten Mannes erschienen wäre? Um endlich noch einen einzelnen Punkt zu erwähnen, so wird die unverkennbar ironische Behandlung, welche Lälius bei Plutarch (cap. 8) durch die Bemerkung erfährt, dass er sich den Beinamen des Weisen erworben habe, weil er aus Furcht vor den Reichen von seinen Reformplänen zurückgetreten sei, sicher nicht auf dessen Schwiegersohn zurückzuführen sein, zumal wenn man ihn, wie die Gegner müssen, den vermittelnden Standpunkt des Lälius einnehmen lässt.

Den C. Gracchus citiert Plutarch im Kap. 8. Nachdem er hier die verschiedenen teilweise sich widersprechenden Berichte seiner Quellen über die Beweggründe des Tib. Gracchus zu seinen Reformen aufgezählt, stellt er schliesslich diesen für denselben nicht sehr ehrenvollen Angaben die seines Bruders entgegen²⁵), welcher in einer gewissen Schrift berichte, dass die in Etrurien von ihm bemerkten socialen Missstände den Entschluss zur Beseitigung derselben in ihm wachgerufen hätten. Auch Cicero²⁶) gedenkt einer Schrift des C. Gracchus, aber ebenfalls in so unbestimmten Ausdrücken²⁷), dass man über das Verhältnis derselben zu dem βιβλίον Plutarchs, ebenso ferner über den Charakter dieser Schriften, selbst wenn man ihre Identität annimmt²⁸), nur Vermutungen aufstellen

²⁴) Peter: Quellen S. 97, übersieht diese Verhältnisse, wenn er aus der anfänglichen Freundschaft des Fannius mit den Gracchen schliesst, dass „sich nicht anders erwarten liesse, als dass er sich in seinem Geschichtswerke ganz entschieden auf Seite der Gracchen gestellt habe".

²⁵) Plutarch referiert nicht, wie Peter: Quellen S. 95 sagt, „aus dem Schriftchen die Gründe, warum Tiberius seine Gesetze gegeben".

²⁶) De div. I. 18. 36, und II. 29. 62.

²⁷) De div I. 18. 36: ut C. Gracchus scriptum reliquit, und II. 29. 62: C. Gracchus ad Pomponium scripsit.

²⁸) Das thut Peter: Quellen S. 95 und rell. CLXXXV, ohne Begründung; auch Heinrich a. a. O. S. 14 neigt dieser Annahme zu, ebenso Ranke a. a. O.; Rob. Schmidt: „Kritik der Quellen zur Geschichte der Gracchischen Unruhen" S. 2 lässt die Frage unentschieden; Klapp; „de vitarum Plut. auctoribus Rom. Bonnae 1862" S. 31 bestreitet die Möglichkeit dieser Annahme. Allein seine sprachlichen Bedenken haben schon Peter rell. a. a. O. und Schmidt a. a. O. zurückgewiesen, indem sie zeigen, dass der Ausdruck Cicero's: „scripsit ad Pomponium" wohl ein dem Pomp. gewidmetes Buch bezeichnen könne. Übrigens steht dieser Ausdruck dort auch mit direkter Beziehung auf das früher erwähnte scriptum und lässt also die Deutung auf irgend ein Schriftstück zu. Der Aufstellung Klapp's, dass das βιβλίον eine Rede, das scriptum ein Brief gewesen sei, steht der weitere Umstand entgegen, dass C. Gracchus seinem vertrauten Freunde Pomponius jene Erzählung nicht wird schriftlich mitgeteilt haben.

kann. Es ist dies übrigens ohne Bedeutung; denn der Umstand, dass Plutarch die den Vater des Tribunen betreffende Anekdote [29], welche Cicero aus der Schrift des C. Gracchus mitteilt, in wesentlich anderer Form erzählt, und zwar mit sinnverändernden Zusätzen [30]), beweist, dass er dieselbe nicht aus Cajus entlehnt hat, und steht überhaupt der Annahme einer umfangreichen Benutzung desselben seinerseits entgegen. Während nämlich Cicero ausdrücklich bemerkt: nihil enim scribit (nämlich Cajus) respondisse haruspices, si neuter anguis emissus esset, quid esset futurum, fügt Plutarch nicht minder bestimmt der Antwort der Haruspices bei: ἄμφω (nämlich ὄφεις) μὲν οὐκ ἐᾶν ἀνελεῖν οὐδὲ ἀφεῖναι. Die Annahme, dass so wesentlich verschiedene, einander widersprechende Erzählungen aus einer Quelle geflossen seien, hätte eine ganz grobe, bewusste Missachtung derselben von seiten der beiden Schriftsteller zur Voraussetzung. Zu deren Erklärung würde doch auch die Rücksicht auf den verschiedenen Zweck der Erzähler nicht genügen, der Umstand, dass die Erzählung dem einen ein Beweis gegen die omina, verbunden mit einem Hieb auf die schlauen Ausleger derselben ist, während der andere in derselben mit einem Zuge die Liebe des Gracchus zu seiner Gemahlin zeichnen will. So scheint Plutarch weder diese Erzählung des Cajus [31], noch überhaupt sein βιβλίον gekannt zu haben [32]). Darauf deuten auch zweifellos die Bezeichnung desselben durch: ἐν τινι βιβλίῳ und das unbestimmte λέγεται hin, mit dem er jene Erzählung einleitet, mit dem er aber sicher sich nicht würde begnügt haben, wenn er bewusster Weise die Erzählung des eigenen Sohnes des Gracchus wiedergegeben hätte.

Fassen wir das Ergebnis der vorstehenden Untersuchung zusammen, so hat Plutarch von den beiden Quellen, die unter den von ihm genannten allein in Betracht kommen konnten [33]), die eine nur ganz nebenbei benutzt, die andere wahrscheinlich gar nicht einmal

[29] Tib. Gr. cap. 1. Er habe, als die Haruspices das Erscheinen zweier Schlangen in seiner Wohnung so gedeutet hätten, dass ihm nur die Wahl zwischen dem eigenen freiwilligen Tode und dem Verluste seiner Gattin bleibe, ersteren gewählt.

[30] Peter. Heinrich. Schmidt a. a. O. halten mit Unrecht die Abweichung für nebensächlich. Böhme betont dieselbe mehr, aber auch nicht genügend.

[31] Peter: rell. CLXXXVI nimmt zunächst ohne Grund die Entlehnung derselben aus C. Gracchus an und macht dann auf Grund dieser blossen Vermutung Plutarch den Vorwurf der Oberflächlichkeit. Sein dort ausgesprochener Wunsch: utinam Plutarchi levitas et neglegentia se tam levibus rebus continuisset! ist also hier nicht zutreffend.

[32] Nitsch: Die Gracchen S. 455 gelangt zu derselben Annahme: aber aus einem andern Grunde, der hier noch nicht besprochen werden kann.

[33] Die C. Gracchus cap. 13 genannten Briefe der Cornelia waren, wie das Citat selbst zeigt, dem Plutarch nicht bekannt. Ebenso liegt die Frage in betreff der bekannten Fragmente aus Briefen der Cornelia bei Nepos ausserhalb unserer Aufgabe; denn auf diese kann der Hinweis Plutarch's sich nicht beziehen, weil ihr Inhalt der von diesem unter Berufung auf die genannten Briefe gemachten Mitteilung geradezu widerspricht.

selbst gekannt. Ein Urteil über die Art, wie Plutarch seine Quellen benutzte, liess sich also hier auch nicht bilden; nur erwies sich ein in dieser Beziehung ihm von einzelnen gemachter Vorwurf als unbegründet. Appian bot gar keine Handhabe zur Untersuchung. Ganz ungerechtfertigt ist aber der Versuch[34]), aus seinem Schweigen und dem Umstande, dass bei ihm die aus dem βιβλίον und dem Fannius teils von Plutarch teils von anderen entlehnten Notizen sich nicht finden, zu folgern, dass er diese Quellen nicht gekannt habe. Es mochten ja jene, meistens sehr wenig sachlichen Bemerkungen Appian weniger erwähnenswert scheinen; und wie vieles können nicht beide stillschweigend aus derselben Quelle entlehnt haben!

Bei dem zweiten Punkte unserer Quellenuntersuchung sind wir hingewiesen auf zwei Fragmente, welche bei Gellius aus Val. Antias[35]) und Sempr. Asellio[36]) erhalten sind. Das Fragment des ersteren ist nach Umfang und Inhalt[37]) für unseren Zweck ungeeignet; dagegen bieten die Stellen aus Asellio wohl Anlass zum Vergleiche. Gellius (a. a. O.) sagt: Eius (des Asellio) verba de Tib. Graccho tribuno plebis, quo in tempore interfectus in Capitolio est, haec sunt: Nam Gracchus domo cum proficiscebatur, nunquam minus terna aut quaterna millia hominum sequebantur. Atque inde infra de eodem Graccho sic scripsit: Orare coepit id quidem, ut se defenderent liberosque suos, eum quem virile secus tum in eo tempore habebat, produci iussit populoque commendavit prope flens. Beide Punkte berührt Plutarch[38]), den letzteren auch Appian[39]). Aus der Vergleichung dieser verschiedenen Stellen ergiebt sich zunächst für Plutarch der Beweis einer willkürlichen Behandlung seiner Quelle. Der Inhalt jener Fragmente bezieht sich, wie der Zusatz des Gellius zeigt, auf die letzte Lebenszeit des Tiberius; der Umstand ferner, dass in der Geschichte des Asellio das zweite Fragment an einer spätern Stelle stand als das erste, zeigt, dass nach seiner Darstellung Tiberius in jener feierlichen Weise erst dann das Volk für seinen Sohn anflehte, als seine Anhänger bereits die Gewohnheit angenommen hatten, ihn zu seinem Schutze zu begleiten. Während nun Appian dieselbe Darstellung in betreff der Anwendung dieses letzten Hülfsmittels, also unzweifelhaft die Überlieferung der Zeitgenossen hat, lässt Plutarch den Tiberius schon gleich nach der Annahme seines Ackergesetzes, lange bevor die Aufregung der Optimaten in Folge seiner zweiten Bewerbung um das Volkstribunat den höchsten Grad erreicht hat, in jener äusserst bedrängten Lage erscheinen. Würde eine solche an sich ja nicht zu bedeutende Verlegung der Thatsachen uns im allgemeinen immerhin zur Vorsicht gegenüber dem betreffenden Geschichtschreiber ermahnen,

---

[34]) Bei Wijinne: de fide et auctoritate Appiani in bell. civ. enarrandis. Gröningen 1855. S. 18.
[35]) Gell. N. A. VII. 9. 12.
[36]) Gell. Il. 13.
[37]) Tib. Gracchus, qui quaestor C. Mancino in Hispania fuerat, et ceteri, qui pacem spoponderant
[38]) cap. 20 und 13.
[39]) b. c. I. 14.

so hat dieselbe bei Plutarch eine bedenklichere Seite. In vollem Widerspruch mit der naturgemässen Entwickelung der Ereignisse wie mit den übrigen Nachrichten über den Charakter des Tiberius, erscheint seine Darstellung als im Dienste der Tendenz, seinen Helden als vollkommen unfähig zu irgend einem gewaltsamen Schritte und als blosses Opfer optimatischen Egoismus darzustellen. Wir haben hier das erste unerfreuliche Beispiel, wie Plutarch kein Bedenken trägt, zur Abrundung des Charakters seines Helden bewusster Weise zu übertreiben und den Stoff tendentiös zu gruppieren [40]. Dasselbe zeigt nun aber ferner der Vergleich des anderen Fragmentes mit seiner Darstellung. Dass der Inhalt desselben, die Beschützung des Tiberius durch eine Leibwache, Plutarch nicht unbekannt war, geht daraus hervor, dass er dieses Umstandes überhaupt gedenkt. Aber wie erscheint bei ihm die Angabe des Asellio, dass den Tiberius nie weniger als 3—4000 Menschen begleitet hätten? In der ganz entgegengesetzten Auffassung, dass nicht einmal zur Zeit seiner Ermordung mehr als 3—4000 Mann um ihn gewesen seien [41]. Derselben Richtung müssen wir es wol zurechnen, dass bei ihm Tiberius seine Kinder [42] vor das Volk führt, während Asellio und Appian in dieser Beziehung nur von einem Sohne sprechen. Dieses willkürliche Verfahren Plutarchs tritt um so mehr hervor, als seine sonstige Übereinstimmung an dieser Stelle mit Appian in bezug auf Inhalt, Gedankengang und teilweise Wortlaut [43] die Benutzung einer gemeinsamen Quelle erkennen lässt. Dass aber Asellio diese gewesen sei, ist unwahrscheinlich, weil er einerseits wesentliche Punkte, besonders das Anlegen der Trauerkleider, nicht enthält, andererseits aber Plutarch das so schön seine ganze Auffassung illustrierende „prope flens" sich nicht würde haben entgehen lassen. Wie wir also Böhme [44] nicht beistimmen können, wenn

---

[40] Dieser Vorwurf wird nicht als zu stark erscheinen, wenn wir hinzufügen, dass Plutarch bei einer späteren Gelegenheit, diesmal in Übereinstimmung mit Appian, den Tiberius wiederum hülfeflehend und weinend vor das Volk treten lässt. Diese Wiederholung charakterisiert das Verfahren noch mehr als ein bewusstes.

[41] cap. 20, ὃν γὰρ πλείονες ἢ τρισχίλιοι περὶ αὐτὸν ἦσαν. Böhmes (a. a. O. S. 10) Urteil, dass diese Worte zu jener Zahlenangabe des Asellio „recht gut passen", ist nicht richtig; sie enthalten hinsichtlich der Auffassung einen latenten Widerspruch zu derselben.

[42] Dio Cass. fragm. Peiresc. 88 macht dieselbe Angabe. Allein auch sonstige auffallende Übereinstimmungen desselben mit Plutarch lassen bei ihm überhaupt eine weitergehende Abhängigkeit von diesem vermuten.

Plut. 13. πρὸς ταῦτα τοὺς πολλοὺς	Appian cap. 14. πάντα δ'ἀπογνοὺς,
ἔτι μᾶλλον ὁ Τιβέριος παροξύνσσν, μετέβαλε τὴν	ἐμελανειμόνει τε ἔτι ὢν ἔναρχος, καὶ τὸ
ἐσθῆτα, καὶ τοὺς παῖδας προαγαγών, ἐδεῖτο	λοιπὸν τῆς ἡμέρας ἐν ἀγορᾷ τὸν υἱὸν ἐπάγων
τοῦ δήμου, τούτων κήδεσθαι καὶ τῆς μητρός, ὡς	ἑκάστοις συνίστη καὶ παρετίθετο, ὡς αὐτὸς ὑπὸ
αὐτὸς ἀπεγνωκὼς ἑαυτόν.	τῶν ἐχθρῶν αὐτίκα ἀπολούμενος.

[44] a. a. O. S. 10.

er Asellios Fragment in der Darstellung Plutarchs wiederfinden will, so noch weniger, wenn er auf Grund dieser Annahme gegen diesen den Vorwurf erhebt, dass er in falscher Auffassung des Asellio zu dem sachlichen Irrtum gekommen sei, Tiberius habe bei seinem Tode mehrere Kinder gehabt. Gellius [45] führt allerdings jene Worte Asellios als Beweis dafür an, dass man auch ein Kind mit liberi bezeichne. Aber was hindert denn, dieselben zu übersetzen: Er fing an, um Schutz für sich und seine Kinder zu bitten; seinen Sohn [46] liess er vorführen u. s. w. Und auch in allen übrigen Berichten findet sich nichts, was der Angabe Plutarchs, dass Tiberius bei seinem Tode mehrere Kinder gehabt habe, widerspräche. Die Frage berührt ausser Appian, der eben nur von einem Sohne spricht, nur noch Val. Maximus [47]. Dieser erzählt, wie ein gewisser Equitius sich für einen Sohn des Tib. Gracchus ausgegeben habe und deshalb von dem Censor Metellus angegriffen worden sei. Wenn er nun diesen sagen lässt: tres tantummodo filios Tib. Graccho fuisse, e quibus unum in Sardinia stipendia merentem, alterum infantem Praeneste, tertium post patris mortem natum Romae decessisse, so ist doch selbstverständlich, dass derselbe dabei nur an Söhne des Tiberius dachte, da es ihm nur auf den Beweis ankommen konnte, dass ein Sohn desselben nicht mehr lebe. So kann also an dieser Stelle dem Plutarch nur die schon von uns gerügte und als bewusst bezeichnete Abweichung von seiner Quelle vorgeworfen werden [48].

Anhaltspunkte zu einem berechtigten Schluss auf die Benutzung bestimmter Quellen von seiten Plutarchs und Appians boten uns also auch die Fragmente nicht. Ohnehin würde indes der geringe Umfang derselben uns eine Einsicht in die Art der

---

[45] II. 13: Antiqui oratores . .˙. etiam unum filium filiamve liberos multitudinis numero appellarunt. Idque nos ... nunc quoque in libro Sempronii Asellionis rerum gestarum quinto ita positum esse offendimus.

[46] Die Lesart: eum, quem virile secus secum in eo t. h., welche hier einen anderen Sinn ergeben würde, ist nicht berücksichtigt, weil sie für unsere Frage ohne Bedeutung ist.

[47] Fact. et dict. memorab. IX. 7.

[48] Dagegen entbehren die bestimmten Angaben, welche Böhme und Nitsch über die Anzahl der Kinder des Tiberius machen, aller Begründung. Nach Nitsch (Gracchen u. s. w. S. 341) nämlich hatte Tib. eine Tochter und zwei Knaben hinterlassen, ein dritter war noch nicht geboren. Aber die Quellen berichten überhaupt nichts von Töchtern des Tib.; hinsichtlich der Söhne desselben aber muss er selbst seinen Widerspruch mit Asellios Worten eingestehen, — Die auf die angeführten Stellen bei Appian und Val. Maximus gestützte Annahme Böhmes (a. a. O.), dass Tib. nur drei Kinder gehabt habe, beruht, wie wir gezeigt haben, auf der ungenauen Auffassung jener Stelle des Val. Maximus. — Aus unseren Quellen lassen sich nur folgende Angaben in diesem Punkte machen: Tib. hatte drei Söhne und vielleicht eine oder mehrere Töchter; von den Söhnen lebte bei seinem Tode nur noch einer; der zweite war schon gestorben und der dritte noch nicht geboren. Als C. Gracchus im zweiten Jahre das Volkstribunat bekleidete, lebten von dem ganzen Geschlechte nur noch er und sein Sohn. (Meyer: or. Rom. fragm. p. 121. Vergl. Nitsch a. a. O.)

Quellenbenutzung nur in einzelnen Punkten gestattet haben. Hierzu aber gelangten wir auch ohne die Möglichkeit jenes Nachweises. Die Vergleichung der Fragmente mit den inhaltlich ähnlichen Stellen bei Plutarch und Appian sowie dieser mit einander ergab zunächst für letzteren das günstige Resultat, dass in mehreren Punkten, in denen er von Plutarch abwich, seine Angaben durch eine gleichzeitige Quelle bestätigt wurden. Indem wir ferner an dieser Stelle die Benutzung einer gemeinsamen Quelle annehmen konnten, mussten wir andererseits constatieren, dass Plutarch dieselbe nicht blos in einer flüchtigen, sondern in einer besonders charakteristischen, willkürlichen Weise benutzt hatte: es zeigte sich bei ihm seiner Quelle gegenüber ganz unzweifelhaft eine Neigung zur Übertreibung und rhetorischen Ausschmückung im Dienste seiner bekannten moralischen Tendenz.

Wir halten es für unfruchtbar, hier in eine Erörterung über andere, noch weniger sichtbare und zuverlässige, oder auch nur vermeintliche Spuren einer älteren Quelle bei unsern Schriftstellern einzutreten, und wenden uns zu dem dritten der anfangs bezeichneten Mittel der Quellenuntersuchung: der Prüfung der Berichte selbst. Es wird sich hierbei naturgemäss nicht so sehr um den Nachweis einer bestimmten Quelle, als um die in unserem Falle übrigens auch wichtigeren Fragen handeln, ob Plutarch und Appian überhaupt Originalberichte oder nur sekundäre Quellen vor sich hatten, ob sie vorzüglich eine, vielleicht eine gemeinsame Quelle, oder mehrere und verschiedene benutzt haben, wie ferner sie im allgemeinen zu ihren Quellen sich verhalten und ob eventuell der eine von dem anderen abhängig ist. Alle diese Fragen können übrigens nur im Anschluss an den zweiten Teil dieser Untersuchung ihre Beantwortung finden.

II. Die innere Glaubwürdigkeit und Vollständigkeit der Berichte Appians und Plutarchs.

Wir werden zunächst den Gesamteindruck der beiden Berichte charakterisieren, darauf dieselben im einzelnen prüfen, indem wir zu bestimmen suchen, wie ihre Angaben sich zu einander und zu den übrigen Nachrichten, sowie zu dem natürlichen Gange geschichtlicher Entwickelung und unserer sonstigen Kenntnis römischer Zustände verhalten.

a. Der allgemeine Charakter der Berichte.

Der Gesamteindruck beider Darstellungen ist ein vollständig verschiedener. Bei Plutarch ist der Angelpunkt, um den alles sich dreht, der ganzen Form seiner Darstellung gemäss natürlich Tiberius Gracchus. Allein dabei tritt alles Andere doch zu sehr in Schatten: wir erblicken Gracchus und sein Wirken, soweit es auf Plutarch ankommt, in einer uns vollständig unverständlichen Welt. Über seine eigentlichen Beweggründe, seinen Endzweck und die Verhältnisse, denen er gegenüber stand, verbreiten die durchaus schwankenden Ausdrücke für uns nur ein dämmerndes Licht, das zur klaren Erkenntnis vorzudringen nicht gestattet. Noch weniger erkennt Gracchus selbst, was er beginnt. Durch reiche Gaben des Geistes und Körpers und durch eine aussergewöhnlich sorgfältige Erziehung zu grossen Dingen gleichsam prädestiniert und in seinem Ehrgeiz zu kühnen Unternehmungen geneigt, wird er in seinem Edelmute und seiner Weichherzigkeit durch den zufälligen Anblick des socialen Elendes zu dem Wunsche entflammt, der Retter des armen Volkes zu werden. Von da ab aber charakterisiert sein ganzes Handeln sich als blosses Reagieren auf Eindrücke, die von aussen auf ihn wirken. Sein edler Wunsch erstarkt unter dem Drängen des Pöbels, das die Bedenken erfahrener Männer als eitel erscheinen lässt, zum Entschluss, und dieser reift, sobald die Verhältnisse es gestatten, zur That. Aber noch lagert für ihn über seinem Reformwerk dichtes Dunkel. Und so tritt er, ohne sich Zweck und Wesen seiner Reformen klar gemacht zu haben, und diesen gemäss die Richtschnur seines Handelns, als Führer vor ein ohnehin leidenschaftlich auf- geregtes Volk, von dessen Beschlüssen bereits das Geschick der gebildeten οἰκουμένη abhing; so häuft er neuen Gährungsstoff zum Ausbruch einer Bewegung, deren Wellenschlag eine unheilvolle Ausdehnung annehmen musste. So wird er unbewusst und ohne es zu wollen von der Macht der nicht gekannten und nicht geahnten Verhältnisse ins Schlepptau ge- nommen, und diese bedingen fortan sein Handeln. Der unberechtigte Widerstand einer egoistischen Faktion reizt sein Ehrgefühl und reisst ihn fort zu Massnahmen, die seinem ganzen Wesen eigentlich fremd sind (cap. 12 u. 16). Unter dem entmutigenden Einfluss der Furcht aber vor den Nachstellungen der Gegner, welche zudem bloss in seiner auf- geregten Phantasie bestehen mochten (cap. 16), in dem drückenden Bewusstsein der frevel- haften Verletzung alter, geheiligter Rechte, deren zukünftige Ahndung durch allerlei schlimme Vorzeichen selbst die Götter ankündigen (cap. 17), droht er ebenso seine Pläne fallen zu lassen (cap. 17), wie er früher unter den ermutigenden Aufreizungen seiner Freunde und des Volkes dieselben aufgenommen hatte (cap. 8). Nur der Zuspruch seines Freundes richtet ihn wieder auf, und so erscheint ihm gegenüber Blossius, wenn auch nicht in demselben Masse, wie Fulvius dem Cajus gegenüber, als der unheilvolle Ver- führer (cap 17), unter dessen Einflüsterungen der blinde Freund die ernst und eindringlich mahnenden Warnungszeichen an seinem gefahrvollen Wege übersieht, bis der Abgrund sich vor ihm aufthut, der ihn aufnimmt. Das Ganze aber gestaltet sich zu dem teilweise wirkungsvollen Bilde, das uns den Edelmut und edeln Ehrgeiz in schwächlichem Kampfe mit einer Übermacht von Lastern zeigt, die in Habsucht und Egoismus gipfeln; die Katastrophe, bei der das Gute nicht ohne eigene Schuld erliegt, bildet die Ermordung des Tiberius durch den selbstsüchtigen Scipio Nasica. — Hat also Plutarch es nicht verstanden, in dem Rahmen seiner Biographie zugleich Raum zu finden für ein Bild der Zeit, in der Tiberius lebte, und der Verhältnisse, durch die sein Wirken bedingt war, so fällt dieser sachlichen Unzulänglichkeit gegenüber eine grosse Ausführlichkeit in andern Dingen auf. Die Anekdote und literarische Notizen zunächst walten vor. Dass er uns eine Vorstellung von den Familienverhältnissen des Tiberius verschaffen will (cap. 1), gereicht ihm nicht zum Vorwurf, wohl aber, dass er ein paar Anekdoten dazu für ausreichend hält, während er durch den Hinweis auf die notorisch volksfreundliche Richtung des sempronischen Geschlechtes und die teilweise in schroffem Gegensatze zu dem Senate sich bewegende Vergangenheit der Cornelier uns die Richtung des Tiberius leicht als in den Familientraditionen wurzelnd hätte darstellen können [49]. Er führt uns den Tiberius und seine Gegner redend vor, beschreibt genau sein Rednertalent, ja selbst die Schilderung seines Charakters bringt ihn schliesslich wieder auf sein Verhalten auf der Rednerbühne (cap. 2 u. 3). Die persönlichen Verhältnisse seiner griechischen Freunde scheinen ihm so beachtenswert, dass er uns sogar mit deren literarischen Beziehungen bekannt macht (c. 8), obgleich ihn das ganz von seinem eigentlichen Wege abzieht, ihr späteres Schicksal interessiert ihn besonders (cap. 20). Dagegen ist ihr Einfluss auf Tiberius nur ein durchaus persönlicher; bis zur Auffassung des sachlichen Momentes, dass sie die von allgemeineren Anschauungen ausgehenden politischen Ideen der Griechen in ihm gefördert haben werden, dringt er nicht vor [50]. — Ferner finden wir neben dem Ausdruck seiner subjektiven Anschauung, besonders in zweifelhaften Punkten, häufiger philosophische und moralische Reflexionen. Besonders weist er öfters auf den Wert der Verbindung einer edeln Natur mit einer sorgfältigen Erziehung hin [51]), und wenn er diesen z. B. an dem massvollen Verhalten des Tiberius und Octavius in ihrem politischen Kampfe zeigt (cap. 10), so möchte es uns fast scheinen, als ob wir mehr den Philosophen hörten, der ein Beispiel zum Beweise seines Satzes anführt, als den Geschichtschreiber. — In bezug auf die Auffassung der Ereignisse endlich berührt seine Darstellung unangenehm durch die einseitige Betonung persönlicher, fast egoistischer Motive und durch ein vages Schwanken, durch das sie den Mangel an einheitlicher Durchführung und innerem Zu-

---

[49]) Ranke: Weltgeschichte II. 2. S. 13 u. 15. — Niebuhr: Vorträge über römische Geschichte, herausg. von Isler Berlin 1847. II. S. 278: „Es gibt erbliche Familienansichten in Rom wie auch Familiencharaktere, die mehr sind als blosse politische Maximen. In der Familie der Gracchen war, wie schon erwähnt, Milde und unaffektirte Liebe der Hülfsbedürftigen; dieses zeigt sich in den drei Generationen, welche historisch ausgezeichnet sind, bei Tib. Graccus im hannibalischen Kriege, Tib. Graccus dem Censor und den beiden unglücklichen Brüdern Tiberius und Cajus ein Charakter, der sonst in Rom nicht häufig ist und nun ganz verschwunden war."

[50]) Vergl. Ranke: a. a. O. S. 17.

[51]) Tib. cap. 1 und 10; Cajus cap. 19 erklärt er hieraus das massvolle Verhalten der Cornelia nach dem Tode ihrer beiden Söhne, das manche nur auf den Verlust des Verstandes oder Mangel an Empfindung zurückzuführen vermocht hätten; Vergleich des Agis und Kleomenes mit den Gracchen cap. 1; Agis cap. 2.

sammenhange verrät. Das Kleben an den Personen tritt so recht hervor in der Darstellung des Verhältnisses des Tiberius zu dem Volke (cap. 8, 14, 16) und zu Octavius (cap. 10), ferner des Scipio Nasica (cap. 13). Während wir ferner in bezug auf die Stellung des jüngern Scipio zu den Bestrebungen seines Schwagers einmal lesen, dass bei seiner Anwesenheit in Rom diesen jenes traurige Los nicht würde getroffen haben (cap. 7), finden wir an einer anderen Stelle (cap. 21) doch auch wieder den bekannten Ausspruch: ὡς ἀπόλοιτο καὶ ἄλλος u. s. w. Octavius, der intercedierende Coll“ge, ist ein πεανίας εὐβραθὴς τὸ ἦθος καὶ κόσμιος (cap. 10), trotzdem er in seinen wechselnden Entschliessungen doch nur ein Spielball ist der Rücksichtnahme dann auf seinen Freund dann wieder auf die Reichen, trotzdem die Gründe der Gegner des Tiberius doch nichts Anderes, als Habsucht und Hass sind (cap. 9). Und nun erst die Auffassung des Tiberius selbst! Niemand wird allerdings den panegyrischen Charakter seiner Darstellung in bezug auf diesen leugnen wollen. Aber gerade darin liegt die Inconsequenz, dass die einzelnen Züge zu dem Gesamtbilde, das er entwerfen möchte, nicht passen. Gerade in dem Punkte, in dem der Charakter durch den leisesten Hauch seinen echten Glanz verliert, fällt auf den des Tiberius ein Schatten. Die Quelle seiner Handlungen ist trübe; denn das ihn leitende Motiv ist zunächst Ehrgeiz[52]; dass dieser seine Befriedigung sucht in der Verbesserung der Lage des Volkes, erscheint fast als zufällig[53]. Seine weiteren Schritte veranlasst die Furcht vor dem Verluste der Sympathien des Volkes[54]. Der Gesichtspunkt, der nach Appian[55] den Tiberius leitete, dass die bestehenden Verhältnisse einer Reform bedürftig seien, weil sie die Weltherrschaft und den inneren Bestand des Reiches gefährdeten, tritt bei Plutarch vollständig zurück. Von Einfluss auf diese verschwommene Auffassung mag die Parallele[56] mit den Spartanerkönigen und seine Neigung, bei den Vergleichen die Griechen stets in hellerem Lichte erscheinen zu lassen, gewesen sein; einen Teil der Schuld an dieser Darstellung mag auch seine persönliche Auffassungsweise in allen Verhältnissen und sein eng begrenzter, politischer Einsicht verschlossener Gesichtskreis tragen. Aber auch nur einen Teil. Wollte man weiter gehen, so würde man verkennen, wie sehr er jene persönlichen Motive in den Vordergrund stellt, in allen Tonarten gleichsam variiert und selbst klaren Angaben authentischer Quellen

---

[52]) Vgl. besonders die Einleitung zum Agis und den Vergleich.

[53]) Tib. cap. 8. Die gleiche Auffassung, nur prononcierter, bei Dio Cass. fragm. 86, nach dem er sich auf die Seite des Volkes schlug, weil er seine Absicht, sich über alle emporzuschwingen, eher im Bunde mit diesem als mit dem Senate durchführen zu können glaubte.

[54]) Einl. zum Agis cap. 2; Tib. cap. 17.

[55]) b. c. I. 9 und 11.

[56]) Diese scheint ihn auch zu anderen wol nicht ganz ernstlich gemeinten Äusserungen verführt zu haben, wie: Die Gracchen hätten zu einer Zeit gelebt, da unter den Bürgern ein allgemeiner Wetteifer in rühmlichen Thaten herrschte u. dgl. Vergleich cap. 1.

gegenüber hervorhebt cap. 8). Und selbst auch die Annahme, als ob Plutarch bei dem
Ehrgeiz des Tiberius an etwas durchaus Nachahmungswertes gedacht habe und ihn so
verstanden wissen wolle, ist besonders seinen Äusserungen in der Einleitung zum Agis
gegenüber nicht gerechtfertigt. Hier (cap. 1) stellt er eine ausführliche Betrachtung an
über den Ehrgeiz und diejenigen, welche nach der Gunst des Volkes streben. Der Mythus
von Ixion wird auf die Ehrgeizigen gedeutet, die ebenfalls nur mit dem Schatten-
bilde der Tugend verkehrten. Die Ehrgeizigen, führt er weiter aus, richten ihr Streben
nicht auf etwas Lauteres und Echtes, sondern auf allerlei Trug- und Zwittergestalten; sie
folgen den Eingebungen des Neides und anderer Leidenschaften, sie sind nur die Diener
des grossen Haufens. Nachdem er diese Bemerkungen im 2. Kapitel in noch stärkeren
Ausdrücken noch weiter fortgesetzt hat, führt er schliesslich als Veranlassung derselben
das Schicksal der Gracchen an und fährt dann fort: Ihre Bestrebungen sind nur Ausfluss
ihres persönlichen Verhältnisses zum Volke, gestalten sich zu einem reinen Wettkampfe
mit dem ihnen von diesem bezeigten Wohlwollen. So kann ein Zweifel daran wol nicht
mehr bestehen, dass seine Berichte in ihm wirklich die Überzeugung von dem übertriebenen
Ehrgeize, ja von dem stark sich geltend machenden Egoismus der Gracchen erzeugt
hatten. Wenn nun daneben andere Stellen sich finden, in denen diese Auffassung
abgeschwächt erscheint, ja der Edelmut des Tiberius über alles gepriesen wird, so beweist
das nur, dass auf Plutarch auch andere Einwirkungen stattfanden. Und so haben wir
in seiner Darstellung den eiteln Versuch vor uns, diese verschiedenen Auffassungen mit
einander zu versöhnen, in deren Unvereinbarkeit eben der Gegensatz der streitenden
Parteien zum Ausdruck gelangt.

Aus der vorstehenden Ausführung ergeben sich für Plutarch hinsichtlich der Quellenbenutzung und des geschichtlichen Wertes folgende Schlüsse: Sein Bericht qualificiert sich
zunächst nicht als treue Wiedergabe einer guten Quelle. Da aber nach seiner eigenen
Angabe viele Quellen ihm vorlagen, und da ferner manche seiner Bemerkungen sich nur
auf Zeitgenossen zurückführen lassen, so ergiebt sich weiter für ihn der Schluss einer
mangelhaften Benutzung des Quellenmaterials. Ferner kann sein Bericht nicht aus der
Benutzung bloss einer Quelle hervorgegangen sein, noch weniger ist er die einfache
Copie seiner Vorlage. Er ist vielmehr entstanden aus der Bearbeitung mehrerer
Berichte, welche aber nicht einfach gleichsam zusammengestückt, sondern selbständig
benutzt sind [57]). Endlich war in diesen die Auffassung beider Parteien vertreten und

---

[57]) B a u e r : Themistokles, Studien und Beiträge zur griechischen Historiographie und Quellen-
kunde. Merseburg 1881, gelangt hinsichtlich der Arbeitsmethode Plutarchs zu demselben Resultate.
S. 140: „Kann also von einem Abschreiben der Quellen (bei Nepos und Trogus) schon in Folge davon (der
Neigung zur Rhetorik) ebenso wenig die Rede sein, als wenn heute jemand ein Lebensbild aus vergangenen
Tagen nach mannigfacher Lektüre zusammenstellt, so ist eine solche Vorstellung von der Arbeitsmethode

unter ihnen hat sich dann Plutarch am meisten an diejenigen angelehnt, die den Tiberius verherrlichten. Ausserdem leiteten ihn bei der Auswahl seiner Quellen und des aus ihnen benutzten Materials Rücksichten auf literarische Notizen und moralische Bemerkungen[58]). Es ist nicht unnötig, diese Aufstellungen gegenüber den mit grosser Bestimmtheit geltend gemachten abweichenden Urteilen[59]) noch etwas näher zu beleuchten. Die ganze Darstellung trägt ein scharf subjektives Gepräge; durch öfteres Hervorheben der eigenen Meinung bei controversen Punkten, selbst deutlichen Angaben seiner Quellen gegenüber (cap. 8 erhebt Plutarch sich gleichsam über seinen Stoff und giebt er seine Absicht zu erkennen, nicht einfach, wie Herodot, Erzähltes wiederzuerzählen, sondern das Material aufzufassen, wie der Bildhauer den Marmor. Dasselbe zeigen die aus seiner Lektüre in die Erzählung eingestreuten literarischen Anspielungen[60]) und Citate[61]), Verbindungen der einzelnen Teile des Berichtes, die nicht in dem Stoffe selbst gegeben, sondern von allgemeinen Gesichtspunkten hergenommen sind[62]), endlich Bemerkungen über das geltende Recht, die in der Darstellung eines Römers ganz überflüssig sein mussten[63]). Zum Beweise für unsere Annahme, dass die Biographie aus der Bearbeitung mehrerer Berichte entstanden sei, können wir zunächst wieder auf die allgemeinen Wendungen, wie τινὲς λέγουσι u. s. w. besonders im Kap. 8 verweisen[64]). Oder will man lieber zu der mit dem ganzen Charakter seiner Darstellung unvereinbaren Annahme greifen, er habe diese nur

Plutarchs vollends unrichtig, sei es, dass man sich denkt, er habe eine biographische Quelle zu Grunde gelegt und dieselbe mit allerlei Citaten aus anderen Autoren bereichert, oder dass man annimmt, seine Biographie sei ein Mosaik von unterschiedlichen mehr oder minder wörtlich abgeschriebenen Angaben der von ihm citierten Autoren." Und in einer Anm. dazu: „Es ist im allgemeinen eine viel zu engherzige Auffassung üblich." Derselbe Gedanke S. 73.

[59]) Bauer a. a. O. S. 72 führt aus, wie Plutarch auch im Leben des Themistokles sich bei einer Nachricht von einer philosophischen Reflexion leiten lässt, und fügt dann hinzu, „dass wir hieraus lernen könnten, dass es oft da, wo wir historische Darstellung zu haben meinen, dem Schreiber um ganz andere Dinge zu thun ist, die für die Wahl und Ausdeutung seiner Quellen nicht gleichgültig sind.

[59]) Bei Peter, Quellen u. s. w. S. 4 in bezug auf das Verfahren Plutarchs im allgemeinen: ausser den früher schon Genannten behaupten noch die Abhängigkeit desselben von einer Quelle: Heeren: Vermischte histor. Schriften III. S. 405, der für diese das griechisch geschriebene Werk des Rutilius Rufus hält, und van Geor: de font. P. in vit. Gracchorum. 1878, dessen Schrift mir indes nicht zugänglich war.

[60]) cap. 10, Cajus cap. 9.

[61]) Agis cap. 1.

[62]) cap. 7 der Übergang zu der Darstellung der politischen Thätigkeit des Tiberius; cap. 15 der Grund, weshalb er das grosse Fragment der Rede aufgenommen habe, in der Tiberius die Absetzung des Octavius rechtfertigt.

[63]) Cap. 10 über die tribunicische Intercession; cap. 11 über die Absetzung des Octavius.

[64]) Vergl. S. 2.

in einer Quelle gefunden und sie aus dieser einfach abgeschrieben?[65]) Ferner verweisen wir auf die Unterbrechung der fortlaufenden Erzählung durch Excurse, die mit der Sache selbst nur in einem ganz losen oder auch gar keinem Zusammenhange stehen, die also einen andern Ursprung haben müssen als diese selbst. Endlich aber zeigt sich der im Vorhergehenden bereits nachgewiesene Einfluss eines optimatischen Berichtes auch in der ausdrücklichen Verurteilung der Absetzung des Octavius[66]) und in der äusserst absprechen= den Schilderung des Volkes[67]). Denn gerade diese beiden Punkte sind wesentliche Züge der optimatischen Auffassung. Was zunächst den erstern betrifft, so zeigen die übrigen Berichte, dass den Gegnern des Tiberius nicht sein Ackergesetz als das Gefährlichste erschien, sondern das von ihm zur Durchsetzung seiner Pläne beobachtete Verfahren[68]), das die politische Machtstellung des Senates gefährdete. Ackergesetze hatte man sich ja auch früher gefallen lassen müssen, zudem waren sie ja auch eigentlich keine politische Massregel, welche die Nobilität als Gesamtheit traf. Aber eine ganz bedenkliche Neuerung war es, dass Tiberius bei seiner Rogation nicht nur die Auswirkung eines billigenden Senatsbeschlusses vernachlässigte, sondern sogar durch die einfache Beseitigung des einzigen gesetzlichen Hindernisses dem Senate die beste, in der leichten Gewinnung eines Tribunen bestehende Waffe entwand, die so oft sich bewährt hatte. Hinsichtlich des zweiten Punktes aber sei daran erinnert, dass es in dem seit dem Auftreten der Gracchen besonders heftig entbrennenden Kampfe zwischen dem Senate und den Tribus um die rechtlichen Befugnisse vor allem im Interesse des ersteren lag, das Volk in einer möglichst untergeordneten und verächtlichen Stellung erscheinen zu lassen: eine Richtung der optimatischen Geschicht-

---

[65]) Vergl. Bauer a. a. O. S. 118.

[66]) Denn dieselbe war in der Stellung, welche die Volkstribunen zur Zeit Plutarchs faktisch einnahmen, nicht begründet. Schon Cäsar setzte Tribunen ab. Vergl. Becker-Marquardt: Handbuch der röm. Alterthümer, II. 3. S. 253.

[67]) dasselbe ist bei ihm eine verarmte, neuerungssüchtige, wankelmütige, feige Menge. Die plebs rustica ist ihm unbekannt; Tiberius wird einfach bei den Tribunatswahlen von dieser undankbaren und apathischen Menge im Stich gelassen, während in der That, wie aus Appian hervorgeht, die Arbeiten der Ernte die ländliche Bevölkerung von den Wahlen fern hielten. Besonders herabsetzend sind seine Ausdrücke über das Volk in seinen in den ersten Kapiteln des Agis mit Beziehung auf die Gracchen angestellten Betrachtungen über das Verhältnis der Staatsmänner zu der Menge.

[68]) Liv. epit. l. 58. Tib. Sempr. Gracchus trib. pl. cum legem agrariam ferret adversus voluntatem senatus...., in eum furorem exarsit, ut M. Octavio collegae .... potestatem lege lata abrogaret; Cic. de legg. III. 10. 24. Quid enim illum (Ti. Gracchum) peculit, nisi quod potestatem intercedenti collegae abrogavit? Brut. 25. 15. Eum iniuria accepta fregit patientia M. Octavius. De har. resp. 19. 41; pro Mil. 27. 72. Dagegen verliert sein Ausdruck an Schärfe, und er ist sogar eines Lobes fähig, wenn er von dem Ackergesetze des Tiberius spricht: de leg. agr. II. 5. 10 und II. 12. 31. Aur. Vict. de vir. ill. 64: Octavio novo exemplo magistratum abrogavit. Flor. III. 14. C. Octavium .... contra fas collegii, iniecta manu, depulit rostris.

schreibung, welche besonders unter dem Einflusse der aristokratischen Erhebung unter Sulla [69]) in Val. Antias ihren Höhepunkt erreichte und den bezeichnendsten Ausdruck fand in dem erfolgreichen Bestreben, selbst die alte römische Plebs, die als Kern der Legionen mit jenem staunenswerten Heroismus und jener unerschöpflichen Kraftfülle die Kämpfe um die Herrschaft über Italien ausfocht, zu der bekannten fragwürdigen Erscheinung umzugestalten [70]). Man wird also weiter behaupten können, dass wir in diesen Beziehungen bei Plutarch einen unter optimatischem Einfluss geschriebenen Bericht vor uns haben; und wenn wir dabei in erster Linie an Val. Antias oder Livius denken, so hat das in der hervorragenden Bedeutung [71]) dieser beiden Schriftsteller in der bezeichneten Richtung wohl einige Berechtigung. Beide hatten ja den Vorzug grosser Reichhaltigkeit des Stoffes, des Livius Bericht über die Gracchischen Unruhen umfasste die Bücher 58—60. Ferner ist die Benutzung des Livius in anderen Biographien nachgewiesen [72]), und mit ihm und denjenigen, die mehr oder weniger von ihm abhängig sind [73]), hat Plutarch auch im einzelnen Berührungspunkte: Die Nachricht in betreff der Vorschläge des Tiberius hinsichtlich der pergamenischen Erbschaft hat er mit Livius gemein [74]); die Gedanken der Rede, welche bei ihm Tiberius zur Empfehlung seines Ackergesetzes hält, finden sich auch bei Florus [75]), nur dass sie hier nicht geradezu in der Form einer Rede des Tiberius erscheinen, sondern als Beschwerden, die überhaupt den aufrührerischen Gesetzen einen Schein von Rechtmässigkeit verliehen hätten [76]). Die Erzählungen von der aufopfernden Liebe des ältern Tib. Gracchus zu seiner Gemahlin und von der innigen Freundschaft des Blossius mit dem Tiberius hat auch Val. Maximus [77]).

Die angeführten Thatsachen gebieten uns also auch in dieser Beziehung wieder in unserem Urteile über den geschichtlichen Wert der Biographie Plutarchs Vorsicht. Erregen sie auch nicht den Verdacht absichtlicher Täuschung, so gestatten sie andererseits ebenso

---

[69]) Nitsch: Röm. Annal. S. 166 usf.

[70]) Nitsch: a. a. O. S. 346 usf., ferner S. 324 usf., S. 335 usf.

[71]) Nitsch: Röm. Annal. S. 355; Teuffel a. a. O. S. 59. „Für die Geschichte der republikanischen Zeit wurde in dieser Epoche des allgemeinen Verfalls (Kaiserzeit) Livius ausschliesslich massgebend."

[72]) Peter, Quellen u. s. w.

[73]) Vgl. über das Verhältnis des Val. Maximus und Florus zu Livius: Klebs: de scriptoribus aetatis Sullanae. Berol. 1876 S. 2 usf.

[74]) Liv. ep. 58 nur in anderer Form.

[75]) III. 13 und 14.

[76]) Bauer, a. a. O. S. 142 usf. führt Beispiele an, wo Plutarch ebenfalls ganz allgemein und ohne Namen Berichtetes auf seinen Helden überträgt.

[77]) IV. 6. 1 und IV. 7. 1. — W. Bijvanck: studia in Tib. Gracchi historiam. Lugd.-Batav. 1879, S. 42 usf. findet in dem Teil des Berichtes Plutarchs, der die letzten Tage des Tiberius behandelt, ebenfalls Spuren des Livius. — Wir können also Schmidt's (a. a. O. S. 7) Behauptung, dass wir „über Plutarchs

wenig die Annahme, dass die umsichtige Untersuchung aller Momente, die Erforschung und Darstellung der lauteren Wahrheit Plutarchs ausschliessliches oder auch nur erstes Princip gewesen sei [76].

Appians Bericht legt zunächst auf die Person des Tiberius nicht mehr Gewicht als es der Hauptperson desselben zukommt. Dagegen zeigt er unverkennbar das Bestreben, sein Wirken in das rechte Licht zu setzen. Die geschichtliche Übersicht über die inneren Zustände, welche die Darstellung der Bürgerkriege einleitet, ist allerdings weit entfernt davon, uns die Stellung des Tiberius recht erkennen zu lassen; allein dieselbe muss von dem Gesichtspunkte aus beurteilt werden, dass sie vor allem zeigen soll, wie erst nach dem Auftreten des Tib. Gracchus die inneren Kämpfe einen blutigen und gewaltthätigen Charakter angenommen hätten. Daher die ganz ungleichmässige Behandlung dieser beiden Teile; dadurch wurde er ferner veranlasst, sich in dem ersten Abschnitte auf die an die Einführung des Volkstribunats und das Auftreten des Coriolan sich knüpfenden Kämpfe zu beschränken, dagegen in dem zweiten mit der allerdings starken Übertreibung die inneren Kämpfe zu schildern. — Durch eine ausführliche Schilderung der Entwickelung der agrarischen Verhältnisse werden wir in stand gesetzt, die Missverhältnisse der Zeit zu beurteilen. Diese erkennt Gracchus selbst sehr genau, und diese Einsicht bestimmt auch seine Pläne. Aus ihr erwächst ohne allen äussern Anstoss sein Entschluss: nicht ein schwächliches Produkt unklarer Erkenntnis und wankelmütigen Willens, das nur unter dem stärkenden Einfluss der Volksgunst gedeiht. Den einmal betretenen Weg zur Ausführung desselben verfolgt er unverwandten Auges, wenngleich nicht ohne ernste Überlegung und oft nicht ohne schwere Bedenken. So erscheint er nicht, wie bei Plutarch, in dem Zauber des zarten Wohlwollens, das vor allen harten Massnahmen heftig zurückschaudert; aber auch nicht als ein Mann, der mit Mitteln weichlicher Sentimentalität einer Welt entgegen treten will, die er gegen sich aufgeboten hat. Weit entfernt von jenem platonischen Verhältnisse zu dem Volke, lässt er sich nur durch sachliche Momente leiten. Es ist bezeichnend in dieser Beziehung, dass er bei Appian (cap. 9 u. 11) bei der Begründung seiner Reformen weniger appelliert an das Gefühl; dass er sich nicht ergeht

Quellen zu keiner sicheren und beweisbaren Annahme gelangen können", und die Böhmes (a. a. O. S. 12), dass „Plutarch aus meist guten, ja zum Theil den besten und unmittelbarsten Quellen geschöpft habe und mithin in dieser Hinsicht grossen Werth für uns besitze" nicht als zutreffend anerkennen. Die Ansicht Wijnne's, dass Plutarchs Gewährsmann ein Vorkämpfer der Aristokratie gewesen sei, muss auf die von uns bezeichneten Punkte beschränkt werden. Vgl. darüber Böhme S. 13.

[76]) Der Eindruck, welchen unsere Biographie macht, scheint uns sehr zutreffend in dem allgemeinen Urteile bezeichnet zu sein, das Courier in folgenden Worten über Plutarch aussprach: C'est un plaisant historien: son mérite est tout dans le style. Il se moque des faits, et n'en prend que ce qui lui plait, n'ayant souci que de paraitre habile écrivain. Il ferait gagner à Pompée la bataille de Pharsale, si cela pouvait arrondir tant soit peu sa phrase. (Vgl. Bijvanck a. a. O. S. 3.)

in der Schilderung der traurigen Lage der Armen (Plut. cap. 9), sondern in rein sachlicher Weise hinweist auf die Unhaltbarkeit der damaligen Verhältnisse, auf die Gefahren, welche die unverhältnismässig starke Vermehrung der unkriegerischen Sklaven und die Vernichtung des kleinen bäuerlichen Grundbesitzes für den Bestand des Staates hätten. Überhaupt bringt Appian alles in einer besseren inneren Motivierung. Das Ganze ist bei ihm nicht ein blosser Kampf des Edelmutes gegen Egoismus; die teilweise sehr gewichtigen Gründe der Gegner werden wohl gewürdigt (cap. 10), so dass ihre Opposition, wenn auch nicht als formell berechtigt, so doch als natürlich und faktisch wohl begründet erscheint. Und so auch sonst in sachlicher Beziehung reichhaltiger als Plutarch, entbehrt er dagegen des ausschmückenden Beiwerks, das wir hier fanden. Der Faden der Erzählung wird nicht durch Abschweifungen auf andere Gebiete unterbrochen; subjektive Bemerkungen hat er überhaupt nur an solchen Punkten eingeflochten, bei denen er ohne dieselben ein genügendes Verständnis bei seinen Lesern für unmöglich halten mochte.[39]) — Die Darstellung ist im Gegensatz zu Plutarchs gefälliger Geschwätzigkeit im allgemeinen knapp und präcis,[40] dabei sachlich bestimmter und individueller.[41]) In bezug auf die Auffassung der Ereignisse ist sie aller subjektiven Färbung fern; sie lässt die Thatsachen selbst reden. Für die Absetzung des Octavius hat Appian weder ein Wort des Tadels noch des Lobes, und selbst durch die letzte traurige Katastrophe wird er in seiner kalten Objectivität nicht alteriert. Aber trotzdem gewinnen wir den Eindruck, als ob sein Gewährsmann der Volkspartei näher gestanden habe und der Sache des Tiberius zugethan sei. Die verschiedenen Strömungen innerhalb der Senatspartei, die Plutarch andeutet (cap. 9), die Verhandlungen

---

[39]) Cap. 12 Erklärung des Einspruchsrechtes der Tribunen; cap. 16 versucht er zu erklären, weshalb Scipio Nasica bei dem Angriff auf die Anhänger des Tiberius „den Saum des Kleides um den Kopf zog." Seine Erklärungsversuche sind indes ungenügend und machen den Eindruck, als ob er die Angabe seiner Vorlage hier nicht mehr verstanden habe und auf seine Weise sich zurecht zu legen suche. (Vgl. darüber Bijvanck a. a. O. S. 38 usf., der jene Stelle, wie es scheint zutreffend, auf die Gewohnheit der pontifices deutet, mit verhülltem Kopfe zu opfern.) Cap. 16 spricht er seine Verwunderung darüber aus, dass man in der letzten Senatssitzung nicht daran gedacht habe, einen Diktator zu ernennen, obgleich dies früher schon so oft sich bewährt habe. Hier handelt es sich für Appian wohl bloss darum, einen Beweis von seiner Kenntnis des römischen Altertums zu geben.

[40]) Wenn er uns erklären will, wie Octavius das Gesetz des Tiberius verhindern konnte, so sagt er einfach, dass das Recht der Intercession ihn dazu berechtigte (cap. 12), während Plutarch an derselben Stelle gleichsam zu einer allgemeinen staatsrechtlichen Bemerkung ausholt.

[41]) Dies zeigt sich z. B. in ihren Berichten über die Intercession des Octavius. Plutarch (cap. 10) begnügt sich mit dem unbestimmten διεκρούετο τὸν νόμον, während Appian (cap. 12) durch das bestimmte: ἐκέλευε τὸν γραμματέα σιγᾷν uns in die Verhandlungen der Tributcomitien einführt. Wir haben hier einen um so zuverlässigern Beweis für die umsichtigere Arbeitsmethode Appians, als wir bei seiner sonstigen Kürze und der sonst fast epischen Färbung der Ausdrucksweise Plutarchs eher das entgegengesetzte Verhältnis erwarten sollten.

des Senates kennt er nicht; dagegen die Verhandlungen der Tributcomitien schildert er ausführlich und sachgemäss, überhaupt ist er mit den Schritten der Volkspartei mehr vertraut. Mit ganz besonderem Nachdruck betont er die Notwendigkeit der Reform des Tiberius. Dessen Gründen verleiht er dadurch ein ganz besonderes Gewicht, dass er dieselben in zwei Reden, den einzigen, die er eingeflochten hat, ihn selbst ausführen lässt.[82]) (Cap. 9 u. 11). Das Volk erscheint in einer achtungswerteren Stellung. Es ist nicht jener städtische Pöbel Plutarchs, sondern ein in Folge der Unterdrückung verarmter und der Vernichtung nahegebrachter Bauernstand. Tiberius selbst schildert dasselbe als eine wesentliche Stütze des Staates und der Weltherrschaft Roms. Diese ruhige Auffassung ist um so beachtenswerter bei einem Geschichtschreiber, der im allgemeinen in seinem Werke eine grosse Bevorzugung seines Vaterlandes an den Tag legt[83]) und der sich wohl bewusst war, dass die inneren Kämpfe, welche das Auftreten des Tiberius entfachte, in ihrer Rückwirkung auf die äusseren Verhältnisse zu der Unterwerfung desselben den Anlass gegeben hatten.[84])

Hinsichtlich der Quellen und des geschichtlichen Wertes Appians gestatten uns vorstehende Bemerkungen wohl folgende Schlüsse: Seine Darstellung macht den Eindruck eines gut benutzten gleichzeitigen Berichtes; namentlich hatte dieser eine besondere Rücksicht auf die Entwickelung der agrarischen Verhältnisse Roms von den ersten Zeiten an genommen. Spuren einer Benutzung mehrerer Quellen liegen nicht vor[85]), namentlich aber schliessen die einheitliche Auffassung und der innere Zusammenhang den Einfluss entgegengesetzter Berichte aus. Die leidenschaftlose Sprache, selbst in den Reden des Tiberius, deutet auf einen Berichterstatter, der den Dingen objektiver gegenüberstand und durch die herrschenden Gegensätze nicht verbittert war. Ferner konnte der Möglichkeit eines Erfolges der Gracchischen Reform ein so überzeugungstreuer Ausdruck nur in einem Berichte gegeben werden, der nicht von dem allgemeinen Verderbnis der öfter genannten Geschichtsfälschung des letzten Jahrhunderts der Republik afficiert war, der entstand, bevor der factische Misserfolg der Bestrebungen des Tiberius ihre Opportunität und Berechtigung als zweifelhaft erwies und die bald unter den Gewaltthätigkeiten selbstsüchtiger Demagogen sich drängenden Erschütterungen des Staatswesens den Patrioten die Reinheit seiner Absichten gegenüber seiner Schuld an der verhängnisvollen Entfesselung dieser

---

[82]) Ranke a. a. O. III. 2. S. 218: „Appian ist keineswegs gegen die Graechen; die Motive des Tiberius lernt man gerade bei ihm am besten kennen."

[83]) Vgl. Hannak: Appianus und seine Quellen. Wien 1869. S. 6; Dominicus: de Appiano rerum rom. scriptore graeco. Progr. Coblenz 1844. S. 14: „neque unquam quotiescunque occasio fert laudes Aegypti apponere omisit."

[84]) bell. civ. 1. 5 und 5.

[85]) Vgl. Hannak a. a. O. S. 40, der diese Ansicht ganz allgemein ausspricht.

Mächte übersehen liessen[86], kurz, der entstand, bevor das Bild der Gracchen in dem Volks-
bewusstsein soweit verzerrt war, dass man von ihm einzelne Züge zur Zeichnung des
„Demagogen" Sp. Cassius entlehnen konnte[87]). Es muss also die Quelle Appians älter[88])
sein als in einzelnen Punkten die des Plutarch. Werden diese Schlüsse als gerechtfertigt
anerkannt, so ergiebt sich für die früheren Untersuchungen in zweifacher Beziehung die
Notwendigkeit einer Einschränkung. Einmal beruhen die völlig negativen Resultate bei
Wijnne und Böhme, sowie die Behauptung Schmidt's, „dass wir über die Quellen Appians
nichts zu sagen vermögen" auf einer nicht genügenden Berücksichtigung des Charakters
seiner Darstellung; andererseits aber hat die Annahme, dass seine Quelle Posidonius
von Apamea gewesen sei, nur den Wert einer unbeweisbaren Vermutung, die man mehr-
fach, wohl verführt durch die Bestimmtheit, mit der sie Niebuhr zuerst aussprach[90]),
mit Unrecht als eine ausgemachte Sache behandelt hat[91]). — Der Bericht Appians
charakterisiert sich endlich als einen im allgemeinen in hohem Grade sorgfältigen und
glaubwürdigen. Sein unverkennbares Streben nach allseitiger Darlegung der Verhältnisse,
sein pragmatisierendes Verknüpfen der Ereignisse, endlich seine in der Form gewahrte
Objektivität lassen uns einen sachlich im allgemeinen ausreichenden und der Wahrheit
entsprechenden Bericht voraussetzen.

Hinsichtlich des Verhältnisses der beiden Berichte zu einander bedarf es nach
dem Gesagten wohl nicht der ausdrücklichen Schlussfolgerung, dass wir die Annahme einer
gemeinsamen Hauptquelle oder einer grösseren Abhängigkeit des einen von dem anderen
ausschliessen müssen.

---

[86]) Ulrici: Charakteristik der antiken Historiographie S. 251: „Der Römer fragte zunächst nach
Zweck und Nutzen der Erscheinung; erst wenn er hierauf eine genügende Antwort erhielt, forschte er nach
dem Warum und dem Wie ihrer Existenz, und verband mit pragmatischem Sinne Zukunft, Gegenwart und
Vergangenheit zu Einem Momente der Beurteilung. Diese Forschungen galten in der Geschichte indessen
nur dem Staate und der Römischen Grösse; jede andere Beziehung und Bedeutung der einzelnen Begebenheit
blieb dem Römischen Geiste fremd."

[87]) Mommsen: Römische Forschungen II. S. 153 u. ff.

[88]) Spuren einer solchen möchten bei Appian auch vielleicht in bell. civ. II. 120 vorliegen, wo er
den Unterschied ausführt, der zwischen der alten Plebs und der zur Zeit Cäsars bestanden habe.

[90]) Niebuhr: Römische Geschichte II. S. 366: „Ich glaube, dass man ohne einigen Zweifel annehmen kann, er folge hier (Darstellung der agrar. Verhältnisse vor den Gracchen) und im ganzen ersten
Buch von den bürgerlichen Unruhen, dem im Alterthum sehr hochgeachteten Pos. von Apamea."

[91]) Vgl. darüber Klebs a. a. O. S. 63. Dass Posidonius der griechischen Sprache sich bedient
hatte, kann man nicht als Stütze für jene Annahme ansehen. Der längere Aufenthalt Appians in Rom
musste ihm eine genügende Vertrautheit mit der lateinischen Sprache verschafft haben. (Vgl. Hannak S. 8.)

b. Prüfung der beiden Berichte in bezug auf die einzelnen Thatsachen.

Plutarchs Bericht enthält zunächst (cap. 1) eine Schilderung der Vorzüge der Eltern des Tiberius[92] und eine Vergleichung der beiden Brüder mit einander (cap. 2 und 3) und geht dann zu Tiberius selbst über. Wie wir diesen in der Erzählung (cap. 4) von seiner Aufnahme in das Collegium der Augurn und seinen Kriegsdiensten in Afrika als einen in jeder Beziehung ausgezeichneten jungen Mann kennen lernen, so zeigt uns der darauf folgende Bericht (cap. 5) von seiner Quästur in Spanien unter des Mancinus Oberbefehl und von dem unglücklichen Vertrage mit den Numantinern, wie derselbe auch im Unglück den Mut und die Achtung vor seinen Vorgesetzten nicht verliert und durch seine Vorzüge selbst den Feinden bereits Achtung und Vertrauen abgezwungen hat. Nachdem der Bericht dann endlich durch die Schilderung seiner weiteren Beziehungen zu den Numantinern (cap. 6) und seiner durch die Anhänglichkeit des Volkes erfolgten Lossprechung von Strafe für die Teilnahme an jenem Vertrage das Bild eines hervorragenden Mannes vervollständigt hat, reiht er daran von cap. 8 in ziemlich lockerer Verbindung den Beginn seiner politischen Thätigkeit. Eine kurze Darlegung der agrarischen Missverhältnisse, der schon von anderen geplanten Reformversuche und der verschiedenen Angaben seiner Quellen über des Tiberius Beweggründe zu seinen Reformen leitet dieselbe ein. Plutarch wird in den meisten auch dieser Angaben von anderen Nachrichten bestätigt und es gereicht ihm auch nicht zum Vorwurfe, dass er unter jenen von ihm aus zahlreichen Quellen angeführten Beweggründen des Tiberius gerade denjenigen nicht erwähnt, der von den römischen Schriftstellern meistens angegeben wird[93]: Furcht vor Strafe in Folge des genannten Vertrages. Denn diese Angabe konnte in die gleichzeitigen Berichte nicht aufgenommen sein, weil sie chronologisch unhaltbar[94] ist, und scheint daher ein Produkt der späteren Verläumdung des Tiberius oder der Übungen in Rhetorenschulen zu sein[95]. — Appian beginnt mit der Darlegung der agrarischen Verhältnisse; diese ist bei ihm eingehender und von

---

[92] Seine Angaben über das Verhältnis des Vaters zu dem ältern Scipio bestätigen: Liv. XXXVIII. 53; Val. Max. IV. 2. 3. Dio Cass. fragm. 72; Gell. N. A. XII. 8; über seine Censur und sein Consulat: Val. Max. VI. 5. 4. und IX. 12. 3.

[93] Cic. de harusp. resp. 20. 13. Brut. 27, 103; Vell. Pat. II. 2; Flor. III. 14. Nach Dio Cass. 86 hatte er sogar eine Auszeichnung erwartet.

[94] Nachgewiesen bei Bijvanck S. 46 Anmerk. 1. Inwiefern aber Erbitterung gegen den Senat in Folge der Verwerfung des von ihm vermittelten Vertrages ihn beeinflusst habe, lässt sich nicht entscheiden. Man muss jedoch berücksichtigen, dass jene Verwerfung doch auch vom Volke gebilligt worden war; und so möchten wir den Einfluss jenes Umstandes nicht so hoch anschlagen, als dies bei Ihne: Röm. Gesch. V S. 34 geschieht.

[95] Quint. V. 13. 24; vgl. dazu Anmerk. 15.

der bei Plutarch abweichend; dagegen setzt er die Beweggründe des Tiberius als in den geschilderten Verhältnissen gegeben voraus. Daran reihen sich bei beiden die Kämpfe um das Ackergesetz. Aber weder jene noch dieses sind bei ihnen identisch. Eine Übereinstimmung zeigen die beiden Berichte hier nur im allgemeinen, während sie im einzelnen sehr von einander abweichen. Sehen wir zunächst von der ersten vorbereitenden Versammlung des Appian ab, in welcher Tiberius sein Gesetz ankündigt, so berichten beide übereinstimmend von drei Versammlungen, in denen die Sache verhandelt und entschieden wurde. In der ersten derselben stellt Tiberius bei beiden, freilich mit wenig übereinstimmenden Gründen, seinen Antrag, und Octavius protestiert; dann verschiebt jener bei Appian einfach die Versammlung auf den folgenden Tag, während er bei Plutarch das ursprüngliche Gesetz verschärft. Bei diesem liegen ferner zwischen der ersten und zweiten Versammlung die Kämpfe und Unterhandlungen mit dem Octavius[96]), die Nachstellungen der Reichen und die dadurch provocierte Bewaffnung des Tiberius mit einem Dolon: Vorgänge, für die Appians Darstellung keinen Platz hat[97]). Auch in den Angaben über die zweite Versammlung sind die Berichte verschieden; der eine ist an sich unverständlich und bedarf der Ergänzung durch den andern. Bei Appian lässt Tiberius wieder seinen Antrag verlesen; da Octavius wieder Intercession einlegt, entstehen Streitigkeiten unter den Tribunen, welche die Optimaten beizulegen suchen; bei Plutarch dagegen fordert Tiberius zur Abstimmung auf, darauf werden die „Urnen" von den Reichen weggenommen, und es entsteht eine grosse Verwirrung; die drohenden Gewaltthaten suchen dann auch hier die Optimaten zu verhindern[98]). Die letztere Darstellung ist offenbar ganz unvollständig und unverständlich; denn obgleich von dem Verhalten des Octavius bei dieser Versammlung alles abhängig ist, wird derselbe gar nicht erwähnt; statt seiner gesetzmässigen Intercession tritt die gewaltsame Wegnahme der Urnen durch die Reichen ein. Ein volles Verständnis ergiebt sich nur aus der Vereinigung beider Berichte: Tiberius lässt wieder das Gesetz verlesen; Octavius gebietet dem Schreiber Schweigen; trotzdem und trotz des Widerspruches der anderen Collegen will Tiberius zur Abstimmung schreiten[99]), die Gegner aber machen diesen gewaltsamen Versuch faktisch unmöglich durch die Wegnahme der Losungsurne[100]).

---

[96]) Der Einfluss der moralischen Richtung Plutarchs an diesem Punkte wurde schon hervorgehoben.

[97]) Schmidt (a. a. O. S. 10) zeigt mit guten Gründen die Unwahrscheinlichkeit der ganzen Verhandlungen.

[98]) Mit Unrecht übersicht Schmidt (a. a. O. S. 11) diesen wesentlichen Unterschied der beiden Stellen. Ranke (a. a. O.) III. 2. S. 215 zählt diese abweichende Darstellung der Absetzung des Octavius zu den wichtigsten Differenzen zwischen Plutarch und Appian.

[99]) Dass dies vorkam, beweist auct. ad Herennium I. 12. 21; vgl. Becker — M. Röm. Alt. II. 3.S. 131.

[100]) Die ὑδρίαι Plutarchs sind wohl als die Losungsurne (sitella, urna) aufzufassen, welche zu der jeder Abstimmung vorausgehenden Auslosung der zuerst stimmenden Tribus diente. Da der Vorsitzende

Der Grund aber, welcher diese Verstümmelung der ganzen Stelle bei Plutarch veranlasste, liegt klar zu Tage: es ist die Tendenz, den Tiberius persönlich von aller Schuld 'an den mit seinem Vorgehen verbundenen Gewaltthätigkeiten rein zu waschen und dieselbe seinen Gegnern zuzuschieben. Dieser Tendenz gemäss durfte nicht Gracchus den Anlass zu der Unordnung durch den ersten ungesetzlichen Schritt geben, durften auch nicht die Tribunen selbst uneins erscheinen; von den Reichen musste vielmehr die gewaltsame Störung ausgehen. Es zeigt sich aber hier sogleich bei der ersten Abweichung in einem einzelnen Punkte unsere Behauptung von der Verschiedenheit der Quellen unserer Autoren bestätigt [101]. Daraus ergiebt sich weiter, dass bei diesen die teilweise Übereinstimmung im Wortlaute an dieser Stelle eine zufällige sein muss [102] und überhaupt nur mit grosser Vorsicht zum Beweise einer gemeinsamen Quelle herangezogen werden darf.

Den Tumult legen bei beiden die Senatoren bei, indem sie den Tiberius veranlassen, dem Senate die Entscheidung des Streites anheimzugeben. Die Folge der Nutzlosigkeit dieses Schrittes ist bei beiden der Entschluss, den Octavius abzusetzen. Aber während Tiberius bei Appian (cap. 12) diese Rogation neben der agrarischen ;einfach für die folgende Versammlung ankündigt, ergeht er sich bei Plutarch zuerst wieder in nutzlosen Bitten, lässt er sich seinem Gegner gegenüber sogar zu dem entweder heuchlerischen oder überhaupt den Ernst seiner Absichten verdächtigenden Vorschlage verleiten, über seine eigene Absetzung das Volk zuerst abstimmen zu lassen [103], und kündigt erst nach dessen Weigerung seine Rogation für den folgenden Tag an (cap. 12). Die nun folgende Versammlung giebt bei beiden die Entscheidung, aber auf verschiedene Weise. Bei Plutarch schickt Tiberius der Abstimmung noch einen Überredungsversuch voraus, die tagelangen vergeblichen Unterhandlungen haben ihn von der voraussichtlichen Erfolglosigkeit desselben noch nicht überzeugt; bei Appian ordnet er dagegen gleich die Abstimmung an [104], welche

die Abstimmung begann, indem er sitellam deferebat. so war die Wegnahme dieser das einfachste Mittel, jene zu verhindern. (Vgl. Becker — M. a. a. O. II. 3 S. 131 Anmerk 427 und S. 106 Anmerk. 419. Lange: Röm. Alt. II. 419.) Der Plural erklärt sich wohl aus einer Verwechslung der Losungsurnen mit den Stimmurnen.

[101] Ranke III. 2. S. 216 sagt im Anschluss an unsere Stelle: „Man kann aus alledem nichts anderes schliessen, als dass die beiden Autoren verschiedene Relationen vor sich hatten, von denen die eine, die bei Appian vorliegt, kürzer und sachlicher gehalten war, die andere dagegen biographisch und auf die Verherrlichung des Tiberius Gracchus berechnet."

[102] Schmidt legt derselben zu viel Gewicht bei, wenn er mit Rücksicht auf sie hier eine gemeinsame Quelle annimmt. (S. 11.)

[103] Ranke III. 2. 216 hält diesen Schritt für unwahrscheinlich. Tiberius muss eben wieder hochherzig erscheinen.

[104] Dass gegen diese Rogation des Tiberius keine Intercession eingelegt wurde, erklärt Mommsen daraus, dass bei den Volkstribunen gegen Amtsentziehung in gleicher Weise wie gegen Amtsübertragung

er dann allerdings auch bei diesem durch eine letzte eindringliche Bitte unterbricht, bevor die 18. Tribus ihre Stimme abgiebt. Aber während nun Octavius bei Plutarch anfängt zu schwanken und schliesslich nur aus Furcht vor den anwesenden Reichen [105]) zum ferneren Widerstande ermutigt und gedrängt wird, verharrt er bei Appian einfach in der Opposition. Dann erfolgt bei beiden seine Absetzung. Bei Appian entfernt er sich dann heimlich aus der Versammlung, Mummius tritt an seine Stelle, die Tribus nehmen die Rogation des Tiberius an und erwählen die triumv. agr. div.[106]). Bei Plutarch entsteht um den abgesetzten Tribunen erst ein grosser Tumult, bei welchem er natürlich nur durch Tiberius gegen das aufgebrachte Volk geschützt wird. Dann erst denkt man an das Ackergesetz und die Wahl der Triumvirn. Die Ergänzung der Tribunen vollzieht später Tiberius selbst durch die Ernennung des Libertinen Mucius. Hier erscheint die Darstellung Appians wieder als die einfachere und seine Reihenfolge der Thatsachen als die natürliche. Plutarch hat wieder ausgeschmückt, die Ereignisse durcheinander geworfen und besonders, wohl durch die missverständliche Auffassung des lateinischen Textes seiner Quelle, sich zu dem Irrtum verleiten lassen, als ob Tiberius selbst den neuen Tribunen ernannt hätte, indem er übersah, dass man „creare" nicht bloss von der wählenden Versammlung, sondern mit Beziehung auf die die Wahl erst vervollständigende Renuntiation auch von dem Vorsitzenden gebrauchte [107]). — Dürften hiermit die Abweichungen bei Appian und Plutarch eine genügende Erklärung gefunden haben, so bedarf noch ein Punkt der Besprechung,

---

Intercession gesetzlich nicht zulässig war. (Röm. Staatsrecht I. S. 232 Anmerk. 3.) Demgegenüber ist die Annahme Ihne's (a. a. O. S. 44), Octavius habe nicht intercediert, weil er vermutlich den ungesetzlichen Akt nicht habe anerkennen wollen, wohl nicht haltbar. Das war ja der Zweck der Intercession, irgend einen Akt als rechtlich nicht bestehend zu bezeichnen. Was Lau (Die Gracchen und ihre Zeit, Hamburg 1854 S. 163 usf.) von der in dieser Zulassung liegenden Anerkennung der Souverainetät des Volkes sagt, klingt zu pathetisch.

[105]) Auf diese muss wieder ein Makel fallen.

[106]) Bei Vell. Pat. II. 2 ist wohl statt: coloniisque deducendis zu lesen: colonisque deducendis. Vielleicht liegt hier aber auch eine Verwechslung mit C. Gracchus vor. Eine solche ist auch unzweifelhaft in der nur bei Vell. sich findenden Nachricht enthalten, dass Tiberius den Italikern das Bürgerrecht versprochen habe. Überhaupt unterschied Vell. die Reformen der beiden Brüder nicht genau; von dem Ackergesetze des Tiberius scheint er nur eine ganz unbestimmte Vorstellung gehabt zu haben, denn von diesem spricht er nur in der unbestimmten Wendung: „legibus agrariis promulgatis"; dagegen berichtet er von Cajus (cap. 6. 3): dividebat agros, vetabat quemquam civem plus quingentis iugeribus habere, quod aliquando lege Licinia cautum erat. Die blosse Erneuerung des Ackergesetzes des ältern Bruders fand nicht wohl ihren Ausdruck in dem beziehungslosen vetabat und einem kundigen Berichterstatter hätte in dieser Verbindung näher gelegen, sich auf die lex Sempr. als auf die lex Lic. zu beziehen.

[107]) Becker-M. a. a. O. II. 3. S. 111 Anmerk. 443. Lange a. a. O. S. 426 Übrigens war Cooptation nicht einmal zulässig. (Mommsen a. a. O. S. 164.)

in dem beide übereinstimmen: der Vorgang der Abstimmung bei der Absetzung des Octavius. Die beiden gemeinsame Bemerkung in betreff jener letzten Bitte des Tiberius an seinen Gegner setzt offenbar das successive Abstimmen der Tribus voraus und widerspricht also dem für die Tributkomitien geltenden Rechte, dass nach dem Principium alle übrigen Tribus zu gleicher Zeit abstimmten [108]. Die neueren Darstellungen [109] dieses Vorganges sind meistens, ohne Anstoss hieran zu nehmen, unseren Autoren gefolgt. Wenig befriedigt auch die Annahme einer bei diesen vorliegenden irrtümlichen Verwechslung der Abstimmung mit der Renuntiation derselben [110]. Denn bei dieser Annahme müsste man die Worte Appians: συνδραμουσῶν ἐς τὸ αὐτὸ τῶν προτέρων ἑπτακαίδεκα .... ἐπῆγε τὴν ψῆφον (der 18. Tribus) auf eine lateinische Vorlage zurückführen, die etwa den Sinn hatte: Nachdem die ersten 17 Tribus renuntiiert waren und sich gegen den Octavius erklärt hatten, forderte er zur Renuntiation der 18. auf. Dies aber verbietet der Zusatz an jener Stelle: σὺν ὀργῇ. Diesen konnte der supponierte lateinische Text nicht enthalten, weil man von einer σὺν ὀργῇ stattfindenden Renuntiation der ersten 17 Tribus nicht sprechen kann. So würde jene Annahme eines Missverständnisses zu dem Vorwurf einer ganz willkürlichen Ausschmückung bei Appian führen, zu dem unsere bisherigen Ergebnisse uns nicht zu berechtigen scheinen. Es bleibt also nichts anderes übrig, als eine successive Abstimmung der Tribus bei dieser Gelegenheit anzunehmen. Konnte Tiberius nicht die Hoffnung hegen, dass die langsam sich vollziehende und für ihn sich aussprechende Abstimmung den Octavius zu freiwilliger Abdankung veranlassen und die immerhin bedenkliche Vollziehung seiner Absetzung unnötig machen würde? Übrigens finden sich auch bei römischen Schriftstellern ähnliche Darstellungen [111].

Was das Ackergesetz selbst betrifft, so werden wir mit Rücksicht auf die bereits vorliegenden umfangreichen Erörterungen über die politische Wirksamkeit des Tiberius uns darauf beschränken, die aus unserer Untersuchung in dieser Hinsicht sich ergebenden Gesichtspunkte am Schlusse kurz zusammenzufassen.

In dem nun Folgenden ist Plutarch wieder viel ausführlicher. Appian geht sofort über zu den Tribunatkomitien für das folgende Jahr, nachdem er kurz die Rückkehr der plebs rustica auf das Land zum Zwecke der Ernte erwähnt hat. Für den Gewährsmann des Plutarch existiert diese nicht; er hält uns in der Stadt zurück und berichtet uns von den Schwierigkeiten, welche in kleinlicher Weise die Optimaten dem Tiberius bei der Äckerverteilung

[108] Becker-M. a. a. O. S. 132.
[109] Hegewisch: Gesch. der Gracch. Unruhen S. 44. Hooren a. a. O. S. 77. Peter: Gesch. Roms II. S. 15. (III. Aufl.) Ihne V. S. 44. Ranko II. 2. 22.
[110] Becker-M. II. 3. S. 134. Lange a. a. O. III. 12.
[111] Val. Max. VIII. 1. 7. Ascon. in Corn. (Orelli V. 2 p. 71.)

bereiten; giebt ferner in der Erzählung von dem unter verdächtigen Umständen ein-
tretenden Tode eines Anhängers des Gracchus und dem sich daran knüpfenden Verdachte
einer Vergiftung ein recht anschauliches Bild von einer fieberhaft aufgeregten, skandal-
süchtigen Menge, unter der ein jedenfalls ganz einfacher Vorgang in der abenteuerlichsten
Weise umgestaltet verbreitet wurde. Daran schliessen sich die sempronischen Rogationen
in betreff der pergamenischen Erbschaft, die Angriffe der Senatoren Pompejus, Metellus
und Annius gegen Tiberius, die Rede, mit der dieser gegen letztern die Absetzung des
Octavius rechfertigt, endlich die weiteren, seine Wiederwahl bezweckenden Rogationen.
Wir stehen hier vor der Frage, ob jene Rede echt sei. Für ihre Echtheit ist es keine
unbedingt nötige Voraussetzung, dass die erstgenannten Rogationen, ihre angebliche Veranlassung, geschichtlich sind. Denn es kann ja sicher nicht an Anlässen gefehlt haben, die dem
Tiberius die Notwendigkeit auferlegten, jenen ganz exorbitanten Schritt zu rechtfertigen.
Was zunächst die übrigen Quellen betrifft, so wird eine Bestätigung oder Widerlegung
dem Plutarch von keiner Seite zu teil. Nur die Möglichkeit, dass er Reden des Tiberius
kannte, wird durch Zeugnisse aus dem Altertum bewiesen [112]). Andererseits aber müssen
wir auch wieder darauf hinweisen, dass Tiberius sich frühzeitig unter den den Rhetoren
geläufigen Paradigmen zur Illustration ihrer Vorträge befand [113]). Giebt so einen Massstab
für die Beurteilung der Rede uns allein der Charakter derselben, so ist vorauszusetzen,
dass bei dieser alleinigen Möglichkeit subjektiver Begründung die Ansichten verschieden sein
werden [114]). Wir müssen nun zunächst, ohne hierauf gerade viel Gewicht zu legen, verneinen,
dass die Rede sachgemäss sei. Die Parallelen [115]), welche dieselbe enthält, sind durch-

---

[112]) Cic. Brut. 27. 103. Plin. hist. nat. XIII. 12.

[113]) Vgl. Anmerk. 95.

[114]) Schmidt S. 13 hält sie ihrem Inhalte nach für echt; Nitsch S. 317 sieht in derselben
„die ältesten und schwierigsten Grundsätze des Staatsrechts populär behandelt; allein dies entspricht seiner
überaus günstigen Beurteilung des Tiberius überhaupt, der nach ihm auch, als er den Octavius absetzte,
sich entschloss, den Zwiespalt auf gesetzlichem Wege zu lösen." Auch Niebuhr Vorträge u. s. w. II. S. 272
sucht die Absetzung als gerechtfertigt hinzustellen. Mommsen Röm. Gesch. II, 93 bezeichnet sie als un-
würdige Sophistik; ebenso urteilt Ihne a. a. O. S. 44: „Sollten wir nach dieser die staatsmännische Weisheit
des Tiberius bemessen, so würde er in unserer Achtung nicht gerade hoch stehen; denn was er zu seiner
Vertheidigung vorbringt, ist nichts als eine Reihe Sophismen."

[115]) Einen Volkstribunen, heisst es unter anderem (Tib. 15), der das Capitol niederreissen oder
die Schiffswerfte anzünden wolle, halte man doch nicht für unverletzlich, und doch sei dieser nicht so
schlimm als einer, der die Sache des Volkes verrate. Einem Volkstribunen ferner solle es erlaubt sein, den
Consul in das Gefängnis zu werfen, und das Volk solle nicht einen Tribunen absetzen können, wenn er sein
Amt zu seinem Nachteile verwalte? Wie solle ein Volkstribun unverletzlich sein, wenn man sogar die Könige
vertrieben habe, wenn man das Heiligste, die Vestalinnen lebendig begrabe, wenn sie gefehlt hätten; wenn
man sogar die Weihgeschenke der Götter nach Gutdünken verwende?

aus unzutreffend und konnten auch nicht einmal bei der Menge den Schein der Gesetz lichkeit[116]) seines Vorgehens erwecken. Über den Nachweis der Notwendigkeit desselben konnte Tiberius nicht hinausgehen, ohne das Gegenteil der beabsichtigten Wirkung zu erzielen. Allein wir kennen seine rednerische Begabung zu wenig, um diesen geringen sachlichen Gehalt der Rede als Beweis gegen ihre Echtheit anzusehen. Dieser scheint uns indes in einer andern Seite derselben zu liegen: sie ist innerlich unhaltbar und trägt einen zu demagogischen Charakter. Der ganze Zweck derselben ist eine Verherrlichung der Menge; ihr Anfang und ihr Ende ist das souveräne Volk, zwischen seinem Interesse und dem allgemeinen Wohle gibt es keinen Unterschied; der Volkstribun ist nur da, um seine Launen auszuführen, widersetzt er sich seinem Willen, so kann er auf den Besitz und die Vorrechte seines Amtes weniger Anspruch erheben, als wenn er das Capitol verwüstete. Nehmen wir hinzu, dass das Befinden darüber, wann dieser Fall eingetreten sei, natürlich nur wieder dem Volke zusteht, so haben wir Grundsätze vor uns, welche jede auf einer gesetzlich bestimmten und gesicherten Stellung des Beamtentums beruhende staatliche Verwaltung unmöglich machen. Diese bewusste Etablierung der Oehlokratie wird man nicht dem conservativ gesinnten Manne zuschreiben dürfen, der sich zur Lebensaufgabe die Verwirklichung der specifisch staatserhaltenden Idee gemacht hatte, dem bedrohten Staatswesen in der Neubegründung eines freien Bauernstandes die langbewährten Stützen patriarchalischer Einfachheit und aufopferungsfähiger Anhänglichkeit an die rura paterna wiederzugewinnen. Die innere Unhaltbarkeit der Rede zeigt sich in ihrer Auffassung des Volkstribunats. Dasselbe diente schon längst nicht mehr ausschliesslich oder auch nur vorherrschend dem Interesse der Plebs; dasselbe war vielmehr ein Werkzeug des Senates geworden, das Intercessionsrecht der Tribunen war längst das vornehmste Bollwerk seiner Machtstellung. Würde also jene Deduktion des „ἀνὴρ εἰπεῖν δυνατώτατος" (App. 9) für seine Zuhörer überhaupt überraschend und unverständlich gewesen sein, so erscheint sie in dem berichteten Zusammenhange geradezu als absurd. Man vergegenwärtige sich die Situation! Tiberius ist im Senate heftig angegriffen worden, ein Senator und Consular hat ihn mit einer Sponsio bedroht; weshalb? Die Rede giebt die Antwort: Weil er die Gegner eben jenes Senates eines Führers beraubt, weil er einem Manne das Amt entrissen hat, das ihm zum ausschliesslichen Kampfe eben gegen jenen Senat übertragen war. — Die Rede kann also nicht echt sein; andererseits spricht ihr Inhalt auch gegen Plutarch als Verfasser. Übrigens bleibt den Vermutungen über ihren Ursprung der weiteste Spielraum.

Es folgt nun in beiden Berichten die Erzählung seiner Bemühungen um das zweite Tribunat und seiner Ermordung. Aber im einzelnen walten wieder die entschiedensten

---

[116]) Im einzelnen nachgewiesen bei Ihne S. 53. Die rechtfertigenden Erläuterungen bei Nitsch a. a. O. sind verfehlt.

Widersprüche ob. Bei Plutarch ist in der ersten Wahlversammlung nicht das ganze Volk erschienen, und dem Tiberius droht eine Niederlage; daher füllen seine Freunde zuerst durch Schmähungen gegen die Collegen die Zeit aus [117]) und entlassen dann die Versammlung. Bei Appian hat Tiberius Aussicht gewählt zu werden, da die erste Tribus für ihn stimmt. Da treten die Gegner auf mit der Behauptung, dass seine Wiederwahl nicht gesetzlich sei; der Vorsitzende steht von der weiteren Abstimmung ab, indem er die Leitung der Versammlung einem anderen überträgt. Dagegen erheben sich die übrigen Tribunen [118]) und verlangen eine neue Losung um den Vorsitz [119]). Bei dem folgenden Streite unterliegt Tiberius und verschiebt die Versammlung auf den folgenden Tag. Der Gegensatz [120]) in diesen beiden Darstellungen zeigt sich in der Beantwortung der Frage: Wodurch unterlag Tiberius? Nach dem Berichte Appians durch den Widerstand seiner Collegen, nach dem Plutarchs durch die Abstimmung des Volkes [121]). Der letztere ist wieder nicht zu halten; er ist unbestimmt und unklar und zerstört den innern Zusammenhang. Tiberius hat versprochen, den Tribus eine Mitbestimmung über die Verwaltung der Provinzen zu verschaffen, unter das arme Volk den Schatz eines asiatischen Königs zu verteilen, die Dienstzeit zu verkürzen; ja er will dem verhassten Senate die Rechtspflege teilweise entreissen [122]). Und das Volk — lehnt alles ab, indem es nicht in den Wahlkomitien erscheint. Endlich findet der einzige Punkt, in dem beide Darstellungen übereinstimmen, also wohl eine authentische Quelle wiedergeben, nämlich der Zwist unter den Tribunen eine genügende Erklärung nur bei Appian. Wir haben hier bei Plutarch wieder dieselbe Erscheinung, wie bei dem Berichte über die Absetzung des Octavius: die Uneinigkeit unter

[117]) Sie konnten ja den Umstand, dass alle Volksversammlungen mit Sonnenuntergang schlossen, dazu benutzen, die Abstimmung für den Tag zu vereiteln. Vgl. Becker-M. S. 113 Anmerk. 454.

[118]) Man hat hier nur an Drohungen zu denken, da Intercession gegen die Wahl der Tribunen nicht statthaft war. Vgl. Mommsen: Röm. Staatsr. I. S. 232. Lange e. a. O. I. S. 604.

[119]) Vgl. Liv. III. 64. (Lange a. a. O. I. S. 599.)

[120]) Schmidt S. 14 findet hier auffallender Weise nicht einmal einen Unterschied.

[121]) Bijvanck a. a. O. S. 23 leugnet mit Unrecht diesen Gegensatz. Er meint, Plutarch sei es nur auf die Thatsache der Niederlage des Tiberius angekommen und er habe den unbestimmten Ausdruck gebraucht: τῆς ψήφου φερομένης ᾔσθοντο τοὺς ἐναντίους κρατοῦντας, obwohl aus den folgenden Worten: εἰς βλασφημίας τραπόμενοι τῶν συναρχόντων hervorgehe, dass der Widerstand der Tribunen und nicht die Abstimmung des Volkes die Wiederwahl des Tiberius verhindert habe. Diese Interpretation ist unrichtig; denn τῆς ψήφου φερομένης ist kein unbestimmter Ausdruck, die Worte können sich nicht, wie jene will, auf einen bei der Wahl entstehenden Zwist der Tribunen, sondern nur auf jene selbst beziehen; ferner aber begründet Plut. die voraussichtliche Niederlage des Tiberius ausdrücklich mit der teilweisen Abwesenheit des Volkes (οὐ γὰρ παρῆν ἅπας ὁ δῆμος). Diese beiden Punkte, von denen Bijv. den letzten allerdings gar nicht berührt, lassen nur die oben gegebene Erklärung der Worte Plutarchs zu und zeigen mit schlagender Klarheit ihre Unvereinbarkeit mit Appian.

[122]) Plut. Tib. cap. 11. 15. 16.

den Tribunen versteht sein Gewährsmann nicht oder will er wenigstens nicht ausdrücklich anerkennen. Wenn nun selbst bei dieser Auffassung die Vorwürfe des Tiberius gegen seine Collegen nicht verschwiegen werden, so ist das in doppelter Weise ein Beweis für die Glaubwürdigkeit Appians. Aber in einem einzelnen Punkte scheint auch diesen hier sein Streben nach kurzer Ausdrucksweise zu einer Unrichtigkeit verführt zu haben, wenn er nämlich erzählt, Tiberius, der bei der Versammlung doch den Vorsitz nicht führte, habe die Abstimmung aufgeschoben. Unhaltbar ist die Annahme, Appian habe hier die Erzählung des Plutarch von der durch ihn und seine Freunde absichtlich veranlassten Verhinderung der Wahl in jenen kurzen, aber schiefen Ausdruck zusammengefasst[122]. Denn Gracchus konnte kein Interesse daran haben, dass eine für ihn voraussichtlich günstige Abstimmung nicht zu Ende geführt wurde. — Wir berühren im folgenden nur noch einen Differenzpunkt[124]. In dem Berichte über die letzte Versammlung gehen unsere Autoren von einer fundamental entgegengesetzten Auffassung aus, indem bei Appian von Tiberius, bei Plutarch von den Senatoren die Initiative zur gewaltsamen Lösung des Confliktes ergriffen wird. Zur Feststellung des Thatsächlichen müssen wir von der einzigen, beiden Berichten gemeinsamen Thatsache als festem Punkte ausgehen; das ist jene verhängnisvolle Handbewegung des Tiberius, welche bei Appian seinen Anhängern das verabredete Zeichen zum Losschlagen ist, bei Plutarch, falsch gedeutet, seine Gegner zu dem Angriffe veranlasst. Dieselbe ist in Plutarchs Darstellung unverständlich und mit derselben nicht vereinbar. Zu dem Angriffe des Senates verhält sie sich als Ursache und Wirkung zu gleicher Zeit: Cap. 18 berichtet Flaccus bereits in der grössten Hast von den Rüstungen und dem Beschlusse des Senates, den Tiberius zu töten, und veranlasst dadurch diesen zu jener Handbewegung. Aber eben diese ist es dann wieder, die im Senate als Forderung des Diadems gedeutet, den Angriff der Optimaten erst provociert. Und sollte dieselbe ohne vorherige Verabredung den Anhängern gleich verständlich gewesen sein?[125] Als ob es eines solchen Zeichens überhaupt noch bedurft hätte, nachdem die Umgebung des Gefährdeten bereits die gewiss nicht ohne grosses Aufsehen zu ermöglichende Bewaffnung mit zerschlagenen Bänken vorgenommen hatte. Endlich aber machen die Verhandlungen im Senate, welche der Meldung jenes Zeichens folgen, nicht im geringsten den Eindruck, als ob sie sich auf die Abwehr einer drohenden Tyrannis bezögen; sie lassen als Gegenstand der Beratung eben nur die Frage vermuten, in der nach Appian

---

[123] Bijvanck legt mit dieser Annahme dem Tiberius diese unmögliche Handlungsweise bei und trägt in den Bericht Plutarchs einen neuen Widerspruch, indem er seine Auffassung desselben vereinbar findet mit dieser absichtlichen Störung der Wahl durch Tiberius.

[124] Im einzelnen verweisen wir wegen Mangels an Raum auf die hierher gehörigen Ausführungen bei Bijvanck, ohne indes in allen Punkten mit ihm einverstanden zu sein.

[125] Auct. de vir. ill. 64 beseitigt diese Unwahrscheinlichkeit, indem er das Zeichen ein verabredetes sein lässt.

der Gegensatz damals zum Ausdruck kam, ob die Wiederwahl des Tiberius gesetzlich sei und wie zu verhindern [126]. Der Consul lehnt ein gewaltsames Vorgehen ab mit der Bemerkung, dass er ungesetzliche Beschlüsse des Volkes nicht als gültig anerkennen werde. Und selbst nicht einmal zu ihrer Rechtfertigung haben die Mörder des Tiberius damals auf die durch sie glücklich beseitigte Gefahr des Tyrannis hingewiesen. Denn als die Senatoren später von den Tribunen in der Volksversammlung zur Verantwortung gezogen wurden, fand sich ausser Nasica keiner, der dieselbe übernehmen wollte, und selbst dieser, dem doch daran liegen musste, durch die stärksten Mittel zu wirken, denkt nicht an den so naheliegenden und gewiss effectvollen rhetorischen Kunstgriff, die Erinnerung an jene Scene, wo der Erschlagene offenbar das Diadem gefordert habe, wachzurufen und durch das Gespenst der Tyrannis die Wut des Volkes zu beschwichtigen [127]. Wir müssen also ausdrücklich hervorheben, dass den Zeitgenossen des Tiberius der Verdacht, er strebe nach der Alleinherrschaft, fremd war [128].

Appians Darstellung ist auch hier wieder im allgemeinen zu halten. Wenn er den Tiberius vor der zweiten Wahlversammlung sich auf das Äusserste vorbereiten lässt, so entspricht das der ganzen Situation. Denn auf eine friedliche Beseitigung des Widerstandes der Optimaten konnte dieser nicht mehr hoffen; seine Vorbereitung zum Kampfe war lediglich Ausfluss dieser Überzeugung. Und so ist es auch natürlich, dass er vor dem Äussersten nicht zurückschreckte, als er die Eventualität verwirklicht sah, für die er seine Massregeln getroffen hatte. Er that jetzt im wesentlichen nichts Anderes, als damals, da er die Opposition des Octavius durch dessen Absetzung brach. Nur wurde sein jetziger Schritt durch die Verhältnisse, welche er selbst geschaffen hatte, energischer gefordert. Tiberius war unbewusst, ohne es zu wollen, Demagoge geworden, weil er die Kunst einer friedlichen Agitation nicht kannte [129]. Er stand eben in den Jahren des schnellen Handelns; das Blut, welches in seinen Adern pulsierte, war das der Scipionen; er war aufgewachsen in

[126] Selbst Cicero lässt als Ursache seiner Ermordung seine Bewerbung um das zweite Tribunat gelten. (Cat. IV. 2.)

[127] Diod. a. a. O.

[128] Wir können die Legende von der Tyrannis des Tiberius in den verschiedenen Stadien ihrer Entwickelung verfolgen: In der Quelle des Plutarch tritt sie in der bescheidenen Form eines falschen Gerüchtes auf; bei Sallust (Iug. 31) erscheint sie als die Meinung der Zeitgenossen und bei Cicero als die geltende geschichtliche Tradition (Lael. 12. 41, Brut. 58. 212); bald sind die revolutionären Bestrebungen der Gracchen sprüchwörtlich. (Iuv. Sat. II. 24.)

[129] Er strebte unbewusst der Alleinherrschaft zu. Denn die stete Continuation des Tribunats schloss diese in der That ein. Cäsar sicherte seine Herrschaft durch die lebenslängliche Übernahme der trib. potestas, und auch Augustus betrachtete diese als Schlussstein seiner monarchischen Gewalt. (Vgl. Lange 1. 612.)

den unbeugsamen Grundsätzen der Stoa und unter der speciellen Leitung eines Weibes, dessen sehnlichster Wunsch dahin ging, Mutter der Gracchen zu heissen.

Wir fanden in diesem Teile der Untersuchung bei unsern Autoren neben einer nur auf die Grundzüge der Darstellung sich beziehenden Übereinstimmung im einzelnen die mannigfaltigsten Differenzen. Einzelnes findet sich bloss in der Aufzeichnung des einen, in anderem zeigt sich eine Verschiedenheit der Auffassung ohne eigentlich direkt ausgesprochenen Gegensatz, und auch an Widersprüchen fehlt es nicht. In allen Punkten aber, in denen die beiden Berichte sich nicht deckten, musste der Plutarchs zurückstehen: in einzelnen derselben war er sehr viel unvollständiger, in anderen unhaltbar. Bei Appian dagegen waren nur in ein paar unwesentlichen Punkten Mängel und Unrichtigkeiten zu rügen. Auch aus diesen Thatsachen folgt wieder, dass die Quellen unserer Autoren verschieden sein müssen und dass Appians' Bericht bei weitem der wertvollere ist.

So berechtigen endlich die Ergebnisse der verschiedenen Teile unserer Untersuchung uns zur Aufstellung des Grundsatzes, dass man bei der Darstellung der politischen Wirksamkeit des Tib. Gracchus und bei der Entscheidung über die in dieser Hinsicht bestehenden Differenzen an den ausdrücklichen Angaben Appians festzuhalten, dagegen die Richtigkeit dessen, was über diese hinaus von anderen überliefert wird, zu bezweifeln habe. Demnach muss man die Gesetze, welche ausser dem agrarischen von Plutarch dem Tiberius beigelegt werden, auf blosse Pläne und Entwürfe desselben zurückführen und bei der Festsetzung der einzelnen Bestimmungen des Ackergesetzes die allerdings unvollständigen Angaben Appians als Grundlage betrachten, auf der man weiter zu bauen hat. —

Schulnachrichten

über

das Schuljahr von Ostern 1882 bis dahin 1883.

—•o•⟫⟨⟩•o•—

Allgemeine Lehrverfassung.

—

Sexta.

Ordinarius: Dr. **Meurer.**

Katholische Religionslehre, 3 St.

1. Religionslehre, 2 St.

Unterricht über das Sakrament der Busse. Einübung der wichtigsten allgemein gebräuchlichen Gebete. Vom Ziel und Ende des Menschen, vom Glauben und seinen Eigenschaften. Erklärung der einzelnen Artikel des apostolischen Glaubensbekenntnisses. Nach dem Katechismus für die Erzdiöcese Köln.

2. Biblische Geschichte, 1 St.

Aus der Geschichte des A. T. die Urgeschichte, die Geschichte der Patriarchen, die Gesetzgebung auf Sinai. Aus der Geschichte des N. T. die Geburt und Jugendzeit des Herrn. Nach „Dr. Schusters Biblische Geschichte". — Bei Gelegenheit der grossen Kirchenfeste Belehrungen über das Kirchenjahr und seine Eintheilung. — Oberlehrer Dr. D e g e n.

Evangelische Religionslehre, 3 St.

Biblische Geschichte des A. T., I. Theil. (Nach dem bibl. Lesebuch von Schulz §§ 1—34.) Aus dem N. T. die Festgeschichten. Katechismus: Fragen 5—30. Bibelsprüche, Psalmen und Kirchenlieder. — Religionslehrer cand. theol. N e u d ö r f f e r.

Israelitische Religionslehre, 1 St.

Biblische Geschichte von der Schöpfung bis zur sinaitischen Offenbarung in Verbindung mit leichtfasslichen moralischen Erörterungen. — Religionslehrer Rabbiner Dr. J a u l u s.

Deutsch, 3 St.

Nach Einübung der Regeln der Orthographie wurden im Anschluss an die Lehre vom einfachen Satze die einzelnen Redetheile durchgenommen; daneben regelmässige Übungen im Lesen und Deklamiren. Alle acht Tage wurde ein Diktat, im Wintersemester abwechselnd ein Aufsatz zur Correctur eingereicht. — Der Ordinarius.

Latein, 8 St.

Die regelmässige Formenlehre bis zum Deponens nach der Grammatik von Siberti-Meiring und dem Übungsbuche von Meiring. Wöchentlich ein Pensum oder ein Extemporale. — Der Ordinarius.

Geschichte, 1 St.

Die wichtigsten Sagen des Alterthums nebst biographischen Darstellungen aus der deutschen Geschichte. — Der Ordinarius.

Geographie, 2 St.

Im Sommersemester wurden die geographischen Grundbegriffe, das Wichtigste über das Planeten-System, über Gestalt, Bewegung und Inneres der Erde, sodann die fünf Erdtheile und Oceane im Allgemeinen durchgenommen.

Im Winter-Semester: Geographie des Regierungsbezirks Aachen. — Der Ordinarius.

Naturbeschreibung, 2 St.

Im Sommer: Botanik. Die Pflanzenorgane, besonders die Blätter.

Im Winter: Zoologie; Säugethiere. — Onstein; im letzten Quartal Hecking.

Rechnen, 5 St.

Die vier Grundrechnungen mit ganzen unbenannten und benannten Zahlen; Bedeutung und Anwendung der Klammer; Theilbarkeit der Zahlen, das metrische System. Von der Bruchrechnung: die Multiplikation und Division der Brüche durch ganze Zahlen, Erweitern und Abkürzen der Brüche. Kopfrechnen. — Onstein; im letzten Quartal Hecking.

Zeichnen, 2 St.

Elementarzeichnen nach „Salms Elementar-Unterricht im Linearzeichnen". Zeichnen nach Körpern und Modellen. — Salm.

Schreiben, 2 St. — Offermanns. — Onstein. — Seulen.

Gesang, 2 St.

Der elementare Unterricht wurde in einer besonderen unteren Abtheilung nach „Heinrich und Kotzolts Gesangschule" ertheilt. In einer oberen Abtheilung wurden Lieder und Chöre von den Schülern, die zunächst nach den Stimmen getrennt waren und bei Schulfeierlichkeiten zusammen traten, eingeübt nach „Steins Auswahl für gemischten Chor" und „A. Franz' Sammlung von vierstimmigen gemischten Chören". Für den Gesang bei dem katholischen Schulgottesdienste war eine Stunde wöchentlich zur Einübung der Lieder und Psalmen aus „Dr. Degen und Boeckelers Gebet- und Gesangbuch für höhere Schulen" bestimmt. — Concertmeister Prof. Wenigmann.

Turnen. Freiübungen und Geräth-Turnen in wöchentlich 2 Stunden.

Die Schüler der Classen Sexta bis Quarta incl. bildeten die II. Turnabtheilung, die Schüler der Tertia bis Prima die I. Turnabtheilung. Jede Abtheilung ist in 12 Riegen eingetheilt und turnt gleichzeitig. — Krick.

3

Quinta.

Ordinarius: Im Sommerhalbjahr Dr. Schmitz I., im Winterhalbjahr Grimmendahl.

Katholische Religionslehre, 2 St.
Die Lehre von den Geboten im Allgemeinen und von den zehn Geboten Gottes und den fünf Kirchengeboten im Besondern. Von der Sünde und der Tugend. Nach dem Katechismus für die Erzdiözese Köln.
Aus der biblischen Geschichte einzelne Lektionen über die Jugendgeschichte Jesu. Bei Gelegenheit der betreffenden Kirchenfeste Belehrungen über Stellung und Bedeutung der Feste sowie Erklärung einzelner kirchlichen Gebräuche. — Oberlehrer Dr. Degen.

Evangelische Religionslehre, 2 St.
Biblische Geschichte des A. T., II. Theil (nach Schulz §§ 31—69). Aus dem N.T.: die Festgeschichten. Bibelsprüche, Psalmen und Kirchenlieder.— Neudörffer.

Israelitische Religionslehre, 1 St.
Biblische Geschichte in Verbindung mit Morallehre. Wiederholung des Pensums der Sexta. Von der sinaitischen Offenbarung bis Samuel. Erläuterung verschiedener Cultuseinrichtungen. — Religionslehrer Rabbiner Dr. Jaulus.

Deutsch, 3 St.
Nach Wiederholung der wichtigsten Regeln der Orthographie wurde die Satzlehre bis zur Lehre vom zusammengesetzten Satze durchgenommen; daneben Einübung der wichtigsten Interpunktionsregeln. Zahlreiche Übungen im Lesen, Wiedererzählen und Deklamiren nach „Kehreins Lesebuch, untere Stufe". Wöchentlich wurde abwechselnd ein Aufsatz und ein Diktat angefertigt. — Die Ordinarien.

Latein, 7 St.
Die regelmässige Formenlehre wurde wiederholt und beendet, die unregelmässige Formenlehre bis zu den unregelmässigen Verben der III. Conjugation durchgenommen. Übersetzen aus „Meirings Übungsbuch für die unteren Klassen", 1. Abth. und 2. Abth. bis § 72. Wöchentlich ein Pensum oder Extemporale. — Die Ordinarien.

Französisch, 5 St.
Die Aussprache, Deklination, Conjugation von avoir und être, die Comparation, Zahlwörter und Pronomia nach dem Elementarbuch von Ploetz (Lect. 1—60). Wöchentlich ein Pensum oder Extemporale. — Dr. Meurer.

Geschichte, 1 St.
Biographische Darstellungen aus der alten und neuern Geschichte. — Dr. Meurer.

Geographie, 2 St.
Im Sommersemester: Geographie der fünf Welttheile.
Im Wintersemester: Deutschland. — Dr. Meurer.

Naturbeschreibung, 2 St.
Im Sommersemester: Anfangsgründe der Botanik.
Im Wintersemester: Allgemeines über die Wirbelthiere. Eintheilung der Säugethiere und Vögel. — Oberlehrer Prof. Dr. Foerster.

Rechnen, 4 St.

Nach einer gründlichen Wiederholung des Pensums der Sexta wurde die gemeine Bruchrechnung beendigt; dann wurde die Dezimalbruchrechnung einschliesslich der abgekürzten Rechnungsarten durchgenommen. — Onstein.

Zeichnen, 2 St.

Fortsetzung des Pensums der Sexta. — Salm.

Schreiben, 2 St. — Offermanns. — Onstein. — Seulen.

Gesang, 2 St. — Prof. Wenigmann.

Turnen. Freiübungen und Geräth-Turnen in wöchentlich 2 Stunden. — Krick.

Quarta. Coetus I.

Ordinarius: **Krick.**

Katholische Religionslehre, 2 St.

Nach Wiederholung der Glaubensartikel vom hl. Geiste und von der Kirche wurden die Lehren von der Gnade und den Gnadenmitteln eingehender behandelt. Die Lehre vom Gebete. Nach dem Katechismus für die Erzdiözese Köln.

Ausserdem lernten die Schüler einzelne deutsche Kirchenlieder auswendig. Gelegentlich wurden die kirchlichen Ceremonien erklärt. — Oberlehrer Dr. Degen.

Evangelische Religionslehre, 2 St.

Biblische Geschichte des N. T. (Schulz §§ 1—36). Das Kirchenjahr. Kirchenlieder. — Neudörffer.

Israelitische Religionslehre, 2 St.

Biblische Geschichte in Verbindung mit Morallehre: Von David bis zur Auflösung des jüdischen Reiches. Wiederholung der ganzen biblischen Geschichte. Liturgie: Wichtige hebräische Gebetstücke wurden übersetzt und erläutert. — Religionslehrer Rabbiner Dr. Jaulus.

Deutsch, 3 St.

Lektüre prosaischer Musterstücke nach „Kehreins Lesebuch" I. Theil; Memorieren und Deklamations-Übungen; Elemente der Verslehre. Nach Wiederholung der neueren Orthographie wurde die Lehre vom einfachen Satze repetiert und der zusammengesetzte Satz und die Periode durchgenommen. Alle 14 Tage ein Aufsatz oder ein Extemporale. — Der Ordinarius.

Latein, 7 St.

Nachdem das Pensum der Sexta und Quinta repetiert, wurden die unregelmässigen Verba und Anomala (Meiring Cap. 52—70) gelernt und durch mündliche und schriftliche Übersetzungen aus „Meirings Übungsbuch" II. Theil eingeübt. Lehre von den Adverbien, Präpositionen und Conjunctionen. Dann wurden die wichtigsten Regeln der Syntax, besonders die Lehre vom Accus. c. inf., vom Gebrauch der Participien und vom Ablat. absol. durchgenommen. Einleitung in die Lektüre des Nepos. Wöchentlich ein Pensum oder Extemporale. — Der Ordinarius.

Französisch, 5 St.

Nach einer eingehenden Repetition des Pensums der Quinta wurde die Lehre vom Pronom personnel und Participe passé (Ploetz Elementarbuch Lect. 72—84) durchgenommen; dann Lernen und Einübung der Verbes irréguliers durch mündliche und schriftliche Übersetzungen aus Ploetz' „Methodische Grammatik" Lect. 1—24. Auswahl aus Herrigs „Premières lectures" Wöchentlich ein Pensum oder Extemporale. — Der Ordinarius.

Geschichte und Geographie, 3 St.

Übersicht über die wichtigsten orientalischen Völker; die Geschichte der Griechen bis zum Tode Alexanders des Grossen und die der Römer bis zur Schlacht bei Aktium. In einer besonderen Stunde wurde die physikalische Geographie der alten Welt behandelt. — Dr. Spölgen.

Geographie, 1 St.

Elemente der mathematischen und physikalischen Geographie. Die ausser-europäischen Welttheile nach ihrer Begrenzung und politischen Eintheilung. — Oberlehrer Prof. Dr. Foerster.

Naturbeschreibung, 2 St.

Im Sommersemester: Terminologie und Pflanzenbeschreibungen.

Im Wintersemester: Die Organe des menschlichen Körpers verglichen mit denen der Wirbelthiere. Die Betrachtung der kaltblütigen Wirbelthiere. — Oberlehrer Prof. Dr. Foerster.

Geometrie, 2 St.

Vorbegriffe. Die Lehre von den Winkeln und Parallelen. Dreiecksätze. Das Parallelogramm. Das Trapez. Fundamentalaufgaben. — Im I. und II. Tertial Oberlehrer Dr. Lieck. Im III. Tertial Dr. Pauls.

Algebra, 2 St.

Die Operationen mit Summen, Differenzen, Produkten und Quotienten. Heis §§ 1—25. — Im I. und II. Tertial Oberlehrer Dr. Lieck. Im III. Tertial Dr. Pauls.

Rechnen, 1 St.

Wiederholung des Pensums der Quinta. Die Dezimalbruchrechnung einschliess-lich der abgekürzten Rechnungsarten. Regel detri mit ganzen und gebrochenen Zahlen, Prozentrechnung, Kopfrechnen. — Onstein, von Neujahr ab Dr. Pauls.

Zeichnen, 2 St.

Körperzeichnen. Zeichnen nach Modellen. Linear- und Projektionszeichnen. -- Salm.

Gesang, 2 St. — Prof. Wenigmann.

Turnen. Freiübungen und Geräth-Turnen in wöchentlich 2 Stunden. — Krick.

Quarta. Coetus II.

Ordinarius: Dr. Spölgen.

Katholiche |
Evangelische | Religionslehre. Combinirt mit dem I. Coetus.
Israelitische |
Deutsch, 3 St. Wie im Coetus I.
Latein, 7 St. Wie im Coetus I. — Im Sommerhalbjahr Dr. Schmitz I.; im Winterhalbjahr Grimmendahl.
Französisch, 5 St. Wie im Coetus I. — Schmitz II.
Geschichte und Geographie. 3 St. Wie im Coetus I.
Geographie, 1 St. Combinirt mit Coetus I.
Naturbeschreibung, 2 St. Wie im Coetus I.
Geometrie, 2 St. Wie im Coetus I. — Onstein.
Algebra, 2 St. Wie im Coetus I. — Onstein.
Rechnen, 1 St. Wie im Coetus I. - - Onstein.
Zeichnen, 2 St. Combinirt mit dem I. Coetus.
Gesang, 2 St. — Prof. Wenigmann.
Turnen. Wie Coetus I. — Krick.

Unter-Tertia.

Ordinarius: Onstein.

Katholische Religionslehre, 2 St.

Begriff und Grundlagen der Religion. Die übernatürliche Offenbarung und ihre Quellen. Der Glaube. Die Glaubenslehren von der göttlichen Dreifaltigkeit, sowie von der göttlichen Weltschöpfung. Die entgegengesetzten Irrlehren wurden inhaltlich erwähnt, die kirchlichen Entscheidungen ebenfalls. Einzelne Hymnen wurden erklärt und auswendig gelernt. Nach Dubelmans Leitfaden, I. Theil. — Oberlehrer Dr. Degen.

Evangelische Religionslehre, 2 St.

Bibelkunde des Neuen Testamentes, 1. Theil: die 4 Evangelien. Lektüre des Matthäusevangelium. Kirchenlieder. — Neudörffer.

Israelitische Religionslehre, 2 St.

Jüdische Geschichte und Literaturgeschichte: Von der Rückkehr der Juden aus dem babylonischen Exil bis zur Zerstörung Jerusalems durch Titus. Liturgie: Übersetzung und Erläuterung wichtiger hebräischer Gebetstücke. — Religionslehrer Rabbiner Dr. Jaulus.

Deutsch, 3 St.

Die Lehre vom Satze; Repetition der Lehre von der Interpunktion und Orthographie besonders im Anschluss an die Correktur der dreiwöchentlichen schriftlichen Arbeiten. Einiges aus der Metrik. Lektüre und Erklärung von prosaischen Musterstücken und Gedichten, besonders leichteren Romanzen und Balladen. Die letzteren wurden meistens memorirt. -- Greve.

Latein, 6 St.

Nachdem das Pensum der Quarta wiederholt, wurde die Lehre von der Übereinstimmung der Satztheile, von den Fragesätzen, vom Nominativ, Accusativ, Dativ und Genitiv (Meir. C. 82—90) durchgenommen und durch mündliche und schriftliche Übersetzung der entsprechenden Übungsstücke aus Meirings „Übungsbuch für mittlere Classen" eingeübt. — Wöchentlich ein Pensum oder Extemporale. Aus Corn. Nepos wurde gelesen: Miltiades, Aristides, Themistocles, Cimon, Pausanias. — Lehre vom Hexameter und Pentameter und Übersetzung aus „Siebelis Tirocinium" I. und III. Abschnitt. Memoriren zahlreicher Verse; Anfertigung deutscher Hexameter. — Kriek.

Französisch, 4 St.

Nach Wiederholung der unregelmässigen Zeitwörter wurden aus Plötz' Schulgrammatik L. 24 bis L. 46 durchgenommen. Lektüre und Memorirübungen aus Herrigs „Premiéres lectures." Synonyma. Diktate. Wöchentlich ein Pensum oder Extemporale. — Schmitz II.

Englisch, 4 St.

Einübung der Aussprache. Aus Plate's Elementarstufe wurden 50 Lektionen durchgenommen. Verschiedene Lesestücke wurden übersetzt und retrovertirt, einige memorirt. Wöchentlich ein Pensum, Extemporale oder Diktat. — Schmitz II.

Geschichte und Geographie, 3 St.

Die Deutsche Geschichte von den ältesten Zeiten bis zum 30jährigen Kriege. Mit besonderer Berücksichtigung der Geschichte wurde die physikalische und politische Geographie Europa's durchgenommen. — Dr. Spölgen.

Geographie, 1 St.

Die europäischen Staaten und deren Verfassungen, spezieller das deutsche Reich, seine Gliederung und provinzielle Eintheilung. — Oberlehrer Prof. Dr. Foerster.

Naturbeschreibung, 2 St.

Im Sommersemester: Die Blüthenorgane in systematischer Beziehung. Das Linneische System. Bedeutung der Blüthenstände. Pflanzenbestimmungen. Im Wintersemester: Die Organe des menschlichen Körpers in weiterer Entwicklung und Vergleichung mit den wirbellosen Thieren. Eintheilung der wirbellosen Thiere. — Oberlehrer Prof. Dr. Foerster.

Geometrie, 2 St.

Wiederholung des Quartapensums. Die Lehre vom Kreise, von den regulären Polygonen und von der Flächengleichheit geradliniger Figuren. Konstructionsaufgaben. — Der Ordinarius.

Algebra, 2 St.

Wiederholung des Quartapensums. Null und negative Zahlen. Theilbarkeit und Zerlegung von Zahlen und algebraischen Ausdrücken. Gleichungen ersten Grades mit einer Unbekannten; Potenz und Wurzelrechnung. — Der Ordinarius.

Rechnen, 1 St.

Wiederholung der gemeinen und Dezimalbruchrechnung. Dreisatz; allgemeine Rechnungen mit Prozenten; Zinsrechnung. — Der Ordinarius.

Zeichnen, 2 St.

Fortsetzung des Projektionszeichnens. Zeichnen nach Vorlagen und Gyps. Zeichnen von Maschinentheilen nach Leblanc. — Sa l m.

Gesang, 2 St. Prof. We ni g m a n n.

Turnen. Freiübungen und Geräth-Turnen in wöchentlich 2 Stunden. — K r i c k.

Ober-Tertia.

Ordinarius: Oberlehrer Prof. Dr. Förster.

Katholische Religionslehre, 2 St.

Die Glaubenssätze über den hl. Geist und seine Thätigkeit in der Gründung der Kirche und Fortsetzung des Erlösungswerkes durch dieselbe. Die Heiligung und Vollendung. Nach Dubelmann Leitfaden I. Einzelne Kirchenhymnen wurden erklärt und auswendig gelernt. — Oberlehrer Dr. D e g e n.

Evangelische Religionslehre, 2 St. Combinirt mit Unter-Tertia.

Israelitische Religionslehre, 2 St. Combinirt mit Unter-Tertia.

Deutsch, 3 St.

Repetition und weitere Ausführung der Lehre von der Interpunktion, Orthographie und vom Satze. Einiges aus der Metrik. — Lektüre und Erklärung von prosaischen Musterstücken und Gedichten, mit besonderer Berücksichtigung der Tropen und Redefiguren. Die Gedichte wurden meistens memorirt. — Dreiwöchentlich eine schriftliche Arbeit. — G r e v e.

Latein, 6 St.

Repetition der Formenlehre. Die Lehre von den Casus und dem Gebrauche der Tempora. — Lektüre: im Sommersemester Nepos (Cimon, Lysander, Alcibiades, Phocion), im Wintersemester Caes. de bello Gall. l. I. 1—40; ausgewählte Stücke aus „Siebelis tirocinium." — Wöchentlich eine schriftliche Arbeit. — G r e v e.

Französisch, 4 St.

Repetition des Pensums der Untertertia. Lehre vom Gebrauche der Zeiten und Moden (Plötz, Schulgrammatik L. 46—55 inclus.) Synonymik. Wöchentlich 1 Stunde Lektüre aus den „Premières lectures" von Herrig. Die gelesenen Stücke wurden zu Retrovertir- und Memorirübungen benutzt. Abwechselnd wöchentlich ein Pensum, Extemporale oder Diktat. — Dr. S p ö l g e n.

Englisch, 4 St.

Repetition des Pensums der Untertertia. Plate's Elementarstufe wurde bis zu Ende durchgenommen. Sämmtliche Lesestücke wurden übersetzt und retrovertirt. Memorirübungen. Zahlreiche Diktate. Synonyma. Jede Woche ein Pensum oder Extemporale. — S c h m i t z II.

Geschichte und Geographie, 3 St.

Die deutsche Geschichte mit besonderer Berücksichtigung der brandenburgisch-preussischen Geschichte vom Beginne des 30jährigen Krieges bis zum Jahre 1871. Der Einprägung der physikalischen und politischen Geographie Deutschlands wurde durchschnittlich wöchentlich eine Stunde gewidmet. — Dr. S p ö l g e n.

Geographie, 1 St.

Die nordeuropäischen Reiche, Russland, England, Schweden-Norwegen, Dänemark. Die Süddonauländer mit Einschluss von Ungarn, ihre politische Eintheilung und Bedeutung. — Oberlehrer Prof. Dr. Foerster.

Naturbeschreibung, 2 St.

Im Sommersemester: Das natürliche Pflanzensystem und Pflanzenbestimmungen mit Bezug auf ihren Familiencharakter.

Im Wintersemester: Die wirbellosen Thiere mit besonderer Berücksichtigung der Gliederthiere, ihres Nutzens und Schadens. — Oberlehrer Prof. Dr. Foerster.

Geometrie. Im Sommer 3 St., im Winter 2 St.

Verwandlung und Theilung der geradlinigen Figuren. Proportionalität und Aehnlichkeit. Proportionen an Kreis und Dreieck. Ausmessung geradliniger Figuren und des Kreises. Geometrische Analysis. Uebungsaufgaben. — Oberlehrer Dr. Lieck.

Algebra. Im Sommer 2 St., im Winter 3 St.

Ausziehen der Quadrat- und Kubikwurzel. Anwendung der Gleichungen ersten Grades mit einer Unbekannten. Die Gleichungen ersten Grades mit mehreren Unbekannten nebst Anwendung. Quadratische Gleichungen mit einer Unbekannten. — Oberlehrer Dr. Lieck.

Zeichnen, 2 St.

Zeichnen nach Vorlagen und Gyps.

Gesang, 2 St. — Prof. Wenigmann.

Turnen: Freiübungen und Geräth-Turnen, in wöchentlich 2 Stunden. — Krick.

Unter-Sekunda.

Ordinarius: Oberlehrer Dr. Lieck.

Katholische Religionslehre, 2 St.

Die Grundbedingungen des Sittlich-Guten. Systematische Darstellung der Pflichtenlehre. — Kirchengeschichte I. Zeitalter bis zum Jahre 313. Nach Dubelmans Leitfaden II. Theil. — Oberlehrer Dr. Degen.

Evangelische Religionslehre, 2 St.

Bibelkunde des Alten Testamentes. I. Theil. Einzelnes aus der Kirchengeschichte. (Die christliche Kirche in den ersten 3 Jahrhunderten. Reformationsgeschichte). — Neudörffer.

Israelitische Religionslehre, 2 St.

Geschichte und Literaturgeschichte der Juden im Mittelalter und in der Neuzeit. Einige Auszüge aus jüdischen Moral- und Religionsschriften des Mittelalters wurden in deutscher Uebersetzung vorgelesen.

Bibelkunde: Allgemeine Einleitung in die Bibel. Der Pentateuch und die geschichtlichen Bücher der Propheten wurden inhaltlich erklärt und theilweise in deutscher Uebersetzung gelesen. Wichtige Moralsätze und prophetische Aussprüche aus dem Pentateuch wurden memoriert. — Religionslehrer Rabbiner Dr. Jaulus.

Deutsch, 3 St.

Die wichtigsten Kapitel aus der Poetik wurden im Anschluss an die Lektüre durchgenommen. Lektüre: Tell, Hermann und Dorothea, sowie mehrere grössere Balladen von Schiller und Uhland; Prosalektüre aus dem Lesebuche von Worbs. Mehrere Balladen wurden memoriert. Die Aufsatzthemata waren: Rudenz (Charakteristik). — Cäsars Krieg mit den Helvetiern. — Arbeit, eine Wohlthat. — Die hervorragendsten Eigenschaften im Charakter Tells. (Klassenarbeit. — Das Mittelmeer im Alterthum. — Der Löwenwirth (Hermann und Dorothea.) — Bedeutung des Ackerbaues. — Woraus lässt sich die Liebe zur Heimath erklären? (Klassenarbeit). — Der Rheinstrom. — Marjan.

Latein, 5 St.

Lehre von den Tempora und Modi nach Siberti-Meiring bis § 705. Uebersetzen der entsprechenden Übungsstücke aus Meirings Übungsbuch für mittlere Klassen 2. Abth. Lektüre Caesar b. gall. I. 30—54., II., III. Ovid metam. I. 163—191, 244—415 die Fluth, Deukalion und Pyrrha; III. 7—136 Kadmus; VI. 157—400 Niobe, die lycischen Bauern. Mehrere Abschnitte wurden memoriert. Alle 14 Tage ein Pensum oder Extemporale. — Dr. Spölgen.

Französisch, 4 St.

Repetition des Pensums der Obertertia. Beendigung der Ploetz'schen Schulgrammatik. Lektüre aus Herrig's „La France Littéraire." Mehrere prosaische und poetische Lesestücke wurden memoriert. Sprechübungen im Anschluss an das Ploetz'sche Vocabulaire. Wöchentlich eine Korrektur oder ein Diktat. — Marjan.

Englisch, 3 St.

Plate's Schulgrammatik wurde bis zum VI. Abschnitte durchgenommen; ausserdem § 174 (das Hülfsverb „lassen") und § 175 (das Hülfsverb to do, thun). Lektüre aus „Herrig's First Reading Book." Einzelne Lesestücke wurden auswendig gelernt. Synonyma. Extemporalien. Diktate. Wöchentlich wurde eine Arbeit korrigirt. — Schmitz II.

Geschichte, 2 St.

Geschichte des Alterthums. — Greve.

Geographie, 1 St.

Das Wichtigste aus der mathematischen und physikalischen Geographie. — Die aussereuropäischen Erdtheile. — Greve.

Naturbeschreibung, 2 St.

Propädeutik der Mineralogie. Stereometrische, physikalische und chemische Eigenschaften. Die Hauptelemente der Mineralien in ihrer Verbreitung und Nutzanwendung. Zusammengesetzte Mineralkörper mit Hervorhebung der am häufigsten vorkommenden Erze. Steinkohlen, Braunkohlen und Torf. — Oberlehrer Prof. Dr. Foerster.

Physik, 3 St.

Einleitung in die Physik. Allgemeine Eigenschaften der Körper. Wirkungen der Molekularkräfte. Die Lehre vom Gleichgewichte und von der Bewegung der festen, flüssigen und luftförmigen Körper. Der Magnetismus. — Die Reibungs-

Elektricität Die atmosphärische Elektricität. – Im Sommersemester Dr. Sieben, im Wintersemester Oberlehrer Prof. Dr. Sieberger.

Geometrie, im Sommer 3 St., im Winter 2 St.

Übungen in der geometrischen Analysis. Die algebraische Analysis. Die ebene Trigonometrie. — Oberlehrer Dr. Lieck.

Algebra, im Sommer 2 St., im Winter 3 St.

Anwendung der quadratischen Gleichungen mit einer Unbekannten. Die Lehre von den Potenzen, Wurzeln und Logarithmen. — Oberlehrer Dr. Lieck.

Zeichnen, 2 St.

Maschinen- und Kartenzeichnen. Fortsetzung des Zeichnens nach Gyps. —Salm.

Gesang, 2 St. — Prof. Wenigmann.

Turnen: Freiübungen und Geräth-Turnen, in wöchentlich 2 Stunden. — Krick.

Ober-Sekunda.

Ordinarius: Marjan.

Katholiche ⎫
Evangelische ⎬ **Religionslehre.** Combinirt mit Unter-Sekunda.
Israelitische ⎭

Deutsch, 3 St.

Poetik im Anschluss an die Lektüre. Gelesen wurden Maria Stuart, sowie grössere Balladen und kulturhistorische Gedichte Schillers, ferner ausgewählte Abschnitte aus dem Nibelungenliede (nach Simrock) und aus der Ilias (Voss'sche Uebersetzung). Prosalektüre: Schillers Abfall der Niederlande. Disponirübungen und freie Vorträge. Die Aufsatzthemata waren: Kann uns zum Vaterland die Fremde werden? — Weshalb soll sich die Jugend der körperlichen Uebungen befleissigen? — Kenntnisse, der beste Reichthum (Klassenarbeit). Euch, ihr Götter, gehört der Kaufmann. Güter zu suchen geht er, doch an sein Schiff knüpfet das Gute sich an. — Noth entwickelt Kraft. — Die Jagd im Nibelungenliede. — Vercingetorix. — Was ist von dem Satze „Vox populi, vox Dei" zu halten? Welchen Nutzen gewährt das Studium der Naturwissenschaften. — Marjan.

Latein, 5 St.

Beendigung der Meiring'schen Grammatik, Wiederholung der Syntax und Erweiterung derselben in einzelnen Punkten. Schriftliche und mündliche Übersetzung aus Meirings Uebungsbuch, 2. Abteilung. Lektüre: Caesar de b. g. l. VII., von Vergil einige Eklogen und Aen. l. V. Einzelne Abschnitte wurden memorirt. Alle 14 Tage ein Pensum oder Extemporale. Im Sommerhalbjahr der Ordinarius. Im Winterhalbjahr Grimmendahl.

Französisch, 4 St.

Uebersetzen, Rückübersetzen und theilweises Memoriren von Prosa und Poesie aus Herrig's „France Littéraire". Grammatik: Uebungen zum Uebersetzen deutscher Stücke. Synonyma und Idiotismen behandelt. Metrik. Sprechübungen. Jede Woche abwechselnd ein Pensum und ein Extemporale. — Der Direktor.

Englisch, 3 St.

Prosaische und poetische Schriften aus Herrig's „British Classicel Authors", übersetzt und theilweise rückübersetzt und memorirt. Uebersetzen aus dem Deutschen ins Englische. Fortsetzung der Grammatik nach Plate. Synonyma. Idiotismen. Metrik. Sprechübungen. Wöchentlich eine häusliche schriftliche Arbeit, oder ein Extemporale in der Klasse. — Der Direktor.

Geschichte, 2 St.

Römische Geschichte; Geschichte des Mittelalters bis 568. — Greve.

Geographie, 1 St.

Europa, besonders Mitteleuropa. Die wichtigsten Verkehrswege der Gegenwart. Repetition über die aussereuropäischen Erdtheile. — Greve.

Physik, 3 St.

Wiederholung des Pensums der Unter-Secunda. Eingehendere Behandlung einzelner Kapitel aus der Mechanik. — Die Calorik. — Die Berührungs-Elektricität. — Oberlehrer Prof. Dr. Sieberger.

Chemie, 2 St.

Einleitung. Die Metalloïde und ihre wichtigsten Verbindungen mit Ausschluss von Selen. — Stöchiometrische Aufgaben. — Oberlehrer Dr. Lieck.

Geometrie, 3 St.

Wiederholung der ebenen Trigonometrie. Die Stereometrie. Uebungen im Lösen von Aufgaben. Die Elemente der sphärischen Trigonometrie. — Oberlehrer Prof. Dr. Sieberger.

Algebra, 2 St.

Gleichungen zweiten Grades mit mehreren Unbekannten. Die reciproken Gleichungen höherer Grade. Die diophantischen Gleichungen. Die arithmetischen und die geometrischen Progressionen. Die Kettenbrüche. Die Zinseszinsrechnung. — Oberlehrer Prof. Dr. Sieberger.

Zeichnen, 2 St.

Fortsetzung des Pensums der Unter-Sekunda. — Salm.

Gesang, 2 St. Prof. Wenigmann.

Turnen. Freiübungen und Geräth-Turnen, in wöchentlich 2 Stunden. — Krick.

Prima.

Ober- und Unter-Prima combinirt.

Ordinarius: Oberlehrer Prof. Dr. Sieberger.

Katholische Religionslehre, 2 St.

Die Lehre von der Erlösung und ihrer Zuwendung durch den heiligen Geist. Von der Gnade und den Sakramenten im allgemeinen. — Gelegentliche Repetitionen aus der Sittenlehre und der Kirchengeschichte. — Oberlehrer Dr. Degen.

Evangelische Religionslehre, 2 St.
Kirchengeschichte II. und III. Theil von 800 bis zur Gegenwart. — Repetitionen
aus der Bibelkunde. Einiges aus Glaubens- und Sittenlehre. Unterscheidungs-
lehren. — Nendörffer.

Deutsch, 3 St.
Repetition und Erweiterung der Poetik im Anschluss an die Lektüre. Defini-
tionen, freie Vorträge. Lektüre: Göthes Iphigenie, verglichen mit dem gleich-
namigen Drama des Euripides (Uebersetzung von Minkwitz); Egmont. Prosalektüre aus Schillers kleineren Schriften. Die Themata der Aufsätze waren:
Wallenstein und Macbeth. — Es stürzt das Grosse oft durch eigne Last. — Charakteristik Egmonts. — Vorzüge einer mittleren Lebenstellung. (Klassenarbeit). —
Dem Unglück ist die Hoffnung zugesendet; Furcht soll das Haupt des Glücklichen
umschweben; denn ewig wanket des Geschickes Wage (Wall. Tod V. 4). — Schnell
fertig ist die Jugend mit dem Wort, das schwer sich handhabt wie des Messers
Schneide; Aus ihrem heissen Kopfe nimmt sie keck Der Dinge Maass, die sich
nur selber richten (Wall. Tod II. 2). — Immer strebe zum Ganzen und kannst
du selber kein Ganzes Werden, als dienendes Glied schliess an das Ganze dich
an. — Bildung macht frei. — Hindernisse der Selbsterkenntniss (Klassenarbeit). -
Marjan.

Latein, 5 St.
Repetition der Syntax. Lektüre: Caesar, De B. G. 4. Buch; Livius, Ab U. C.
XXII, 1—50; Horat. Od. I. 1, 7, 10, 11. II. 7, 13 III. 4, 30. IV. 3. Epod 2. —
Dr. Schmitz im Sommerhalbjahr, im Winter Marjan.

Französisch, 4 St.
Prosaische und poetische Stücke aus Herrigs „France Littéraire" übersetzt,
theilweise rückübersetzt und memorirt. — Uebersetzen des Cinna von Corneille.
Grammatik und Metrik. Extemporal-Uebersetzung ins Französische von deutschen
Texten. Synonyma. Idiotismen. Metrik. Sprechübungen. Aufsätze über die folgenden Themata: Franz I., König von Frankreich. — Beschreibung einer Feuers-
brunst. — Kaiser Max auf der Martinswand. — Was verschaffte dem Kurfürsten
Friedrich Wilhelm I. den Beinamen des Grossen? — Ursachen des Uebergewichts
Frankreichs unter Ludwig XIV. — Friedrich der Grosse bis zum Ausbruch des
siebenjährigen Krieges. — Friedrich der Grosse seit dem siebenjährigen Kriege
bis zu seinem Tode. — Die Kriege Oesterreichs gegen Napoleon I. — Die Erhebung Preussens im Anfange der Freiheitskriege. — Der Direktor.

Englisch, 3 St.
Uebersetzen aus Herrigs „British Classical Authors", theilweise Rückübersetzen
und Memoriren. Uebersetzen des Julius Caesar von Shakespeare. Grammatik.
Metrik. Synonyma. Idiotismen. Sprechübungen. Kleinere Stylübungen; kleinere
häusliche schriftliche Arbeiten über Maximilian, eine Ueberschwemmung, Androkles
und der Löwe, das Schwert des Damokles, Alexander und Diogenes, Uebersetzung des Erlkönigs und des Liedes vom braven Manne. Klassen-Extemporalien.
Häusliche Uebersetzungen von Diktaten. — Der Direktor.

Geschichte, 2 St.

Geschichte der neueren Zeit. - Repetitionen aus der Geschichte des Alterthums und des Mittelalters. Gelegentliche Repetitionen aus der Geographie im Anschluss an die Geschichte. — Greve.

Physik, 3 St.

Die Berührungs-Elektricität. Die mathematische Geographie. Repetitionen. — Der Ordinarius.

Chemie, 2 St.

Die wichtigeren Metalle und ihre Verbindungen. Qualitative Analyse in Wasser löslicher Salze. — Oberlehrer Dr. Lieck.

Geometrie, 3 St.

Die analytische Geometrie. Die Kegelschnitte. Die sphärische Trigonometrie. Aufgabenlösungen. — Der Ordinarius.

Algebra, 2 St.

Die Gleichungen dritten und vierten Grades. Die Lehre von den Permutationen, Variationen und Combinationen. Der binomische und der polynomische Lehrsatz. Die unendlichen Reihen. Die Exponential-, die logarithmische, die Sinus- und die Cosinus-Reihe. Die Leibnitzsche Reihe. — Der Ordinarius.

Zeichnen, 2 St.

Zeichnen nach Gyps und grösseren Wandtafeln. Maschinenzeichnen. — Salm.

Gesang, 2 St. Prof. Wenigmann.

Turnen : Freiübungen und Geräthe-Turnen in wöchentlich 2 Stunden. Krick.

15

Uebersicht über die Verwendung der Lehrkräfte.

Lehrer.	Zahl der wöchentl. Lehrstunden	I. a. u. b.	II.a.	II.b.	III.a.	III.b.	IV. 1. Cöt.	IV. 2. Cöt.	V.	VI.
1. Prof. Dr. Hilgers, Direktor.	14	4 Franz. 3 Englisch	4 Franz. 3 Englisch							
2. Prof. Dr. Foerster, 1. Oberlehrer. Ordinarius der III.a.	15			2 Naturge-schichte	2 Naturge-schichte 1 Geogr.	2 Naturge-schichte 1 Geogr.	2 Naturg. 1 Geographie	2 Naturg.	2 Naturge-schichte	
3. Prof. Dr. Sieberger, 2. Oberlehrer. Ordinarius der I.	19	5 Mathem. 3 Physik	5 Mathem. 3 Physik	¹) 3 Physik						
4. Dr. Lieck, 3. Oberlehrer. Ordinarius der II.b.	18	2 Chemie	2 Chemie	5 Mathem.	5 Mathem.		²) 4 Mathem.			
5. Dr. Degen, 4. Oberlehrer.	15	2 Religsl.	2 Religionslehre		2 Religsl.	2 Religsl.	2 Religionslehre		2 Religsl.	3 Religsl.
6. Marjan, Ordinarius der II.a.	18	3 Deutsch ³) 5 Latein	3 Deutsch 5 Latein (— Latein)	3 Deutsch 4 Französ.						
7. Dr. Spülgen, Ordinarius der IV.2.	21			5 Latein	4 Französ. 3 Gesch.	3 Gesch. u. Geographie	3 Gesch. u. Geographie 3 Deutsch			
8. Dr. Schmitz I, ⁴) Ordinarius der V.	22	5 Latein					7 Latein	7 Latein	3 Deutsch	
9. Krick, Ordinarius der IV.1.	21						6 Latein	7 Latein 3 Deutsch 5 Französ.		
	4	Turnen in zwei getrennten Abtheilungen								
10. Dr. Meurer, Ordinarius der VI.	22						5 Französ. 3 Gesch. u. Geographie	3 Deutsch 8 Latein 3 Gesch. u. Geographie		
11. Greve.	21	3 Gesch.	3 Gesch. u. Geographie	3 Gesch. u. Geographie 6 Latein	3 Deutsch					
12. Schmitz II.	20		3 Englisch	4 Englisch	4 Englisch 4 Französ.	5 Französ.				
13. Neudörffer, Candidat der Theologie, evangelischer Religionslehrer.	13	2 Religsl.	2 Religionslehre	2 Religionslehre	2 Religionslehre	2 Religsl.	3 Religsl.			
14. Dr. Jaulus, Rabbiner, israelitischer Religionslehrer.	8		2 Religionslehre	2 Religionslehre	2 Religionslehre	1 Religsl.	1 Rel'gsl.			
15. Onstein, Ordinarius der III.b.	22				4 Mathem. 1 Rechnen	⁵) 1 Rech-nen	4 Mathem. 1 Rechnen	4 Rechnen	⁶) 5 Rechnen ⁷) 2 Naturg.	
16. Dr. Sieben, Candidat des höh. Schulamts.	3			3 Physik						
17. Grimmendahl.⁸) Candidat des höh. Schulamts.	22	5 Latein					7 Latein	7 Latein 3 Deutsch		
18. Dr. Pauls, Candidat des höh. Schulamts.	5				4 Mathem. 1 Rechnen					
19. Hecking, Candidat des höh. Schulamts.	7								5 Rechnen 2 Naturg.	
20. Lourons, Candidat des höh. Schulamts.										
21. Salm.	12		2 Zeichnen	2 Zeichnen	2 Zeichnen	2 Zeichnen	2 Zeichnen	2 Zeichnen		
22. Prof. Wenigmann.	6		Gesangunterricht in drei Abtheilungen							
23. Offermanns.	4								⁹) 2 Schreib. 2 Schreiben	
24. Senlen.	4								¹⁰) 2 Schrb. 2 Schreiben	

¹) Bis Anfang October von Dr. Sieben. ²) Im 3. Tertial vom Candidat Dr. Pauls. ³) Seit dem 2. Tertial 5 St. Latein in I. statt in IIa. cfr. Nr. 8 und 17. ⁴) Nur im 1. Tertial cfr. Anm. 3 und 8. ⁵) Im 3 Tertial von Dr. Pauls übernommen. ⁶) u. ⁷) Im 3. Tertial vom Candidaten Hecking cfr. Anmerk. 3 und 4. ⁸) Bis Mitte Juli, von da ab bis Ende November der Schreibunterricht provisorisch vom Lehrer Onstein gegeben. ¹⁰) Seit Anfang December.

Auszug

aus den Verfügungen der Behörden.

Unter dem 31. März 1882 werden durch Erlass des Herrn Cultusministers die neuen Lehrpläne für die höhern Schulen nebst den betreffenden Erläuterungen bekannt gemacht. Das Latein erhält bei den Realschulen I. Ordnung, welche fortan den Namen „Realgymnasien" führen sollen, eine vermehrte Stundenzahl; für die Naturbeschreibung werden je zwei Stunden in den Klassen von Sexta bis incl. Unter-Sekunda festgesetzt, der Unterricht in der Chemie wird auf die Klassen Ober-Sekunda und Prima beschränkt, der Schreibunterricht auf Sexta und Quinta mit je 2 Stunden. Die Lehrpensa für das Französische und Englische werden ermässigt.

Eine Verf. des Königl. Prov.-Schulcollegiums vom 23. April veranlasst die Direktion zum Bericht über die behufs Einführung des neuen Lehrplanes an dem bisherigen Lehrplane vorgenommenen oder vorzunehmenden Veränderungen.

Die Zahl der von den Schülern einzuliefernden Aufsätze wird beschränkt (Verf. vom 20. Mai ej.).

Der israelitische Religionslehrer Rabbiner Dr. Jaulus erhält einen Urlaub bis zum Ende des I. Tertials (Verf. vom 4. Aug. ej.).

Die neue „Ordnung der Entlassungsprüfungen an den höheren Schulen" wird nebst Ergänzungen und Erläuterungen durch Verf. vom 6. September mitgetheilt.

Die beantragte Beurlaubung des Lehrers Dr. Schmitz I. wegen Erkrankung wird nebst der von der Direktion vorgeschlagenen Vertretung desselben durch Verff. vom 4. October und 15. December genehmigt.

Eine Verfügung vom 23. October erinnert an die Verpflichtung der Anzeige solcher Schüler, welche in noch schulpflichtigem Alter austreten.

Durch eine Circularverfügung vom 14. November wird den Direktoren und Lehrern zur Pflicht gemacht, die Schüler dazu anzuhalten, auf der Grundlage des ihnen gewährten Schreibunterrichtes sich während ihrer ganzen Schulzeit einer sorgfältigen, leserlichen und gefälligen Handschrift zu befleissigen.

Referent wird durch Verfügung vom 23. Januar c. zum Commissarius bei der Abiturientenprüfung des Ostertermins ernannt.

Eine Verfügung vom 26. Januar c. verordnet, dass die Abiturienten auch nach der Prüfung zur Theilnahme an dem Schulunterricht verpflichtet sind.

Das Lehrercollegium wird zur Einreichung von fünf formulirten Vorschlägen zur Behandlung bei der 2. Rheinischen Direktoren-Conferenz veranlasst (Verf. vom 2. Februar c.).

Durch Verfügung vom 7. Februar wird bestimmt, dass die Königsgeburtstagsfeier in diesem Jahre am 17. März zu begehen ist.

Die Verfügung vom 10. Februar c. enthält die näheren Bestimmungen über Ausführung des das Turnen an den höheren Lehranstalten betreffenden Erlasses des Herrn Unterrichtsministers vom 27. October 1882. Unter Anderm soll von dem Direktor eine ständige engere

Conferenz aus dem Lehrercollegium zu dem genannten Zwecke berufen werden, welche einen Plan der Betreibung der Bewegungsspiele, Turnfahrten, Spaziergänge, einschliesslich der zu botanischen Übungen bestimmten, zu entwerfen hat. Der Entwurf wird von der allgemeinen Lehrerconferenz berathen, der Provinzial-Schulbehörde vorgelegt und soll jedes Jahr am 1. Nov. über die Ausführung des festgestellten Programms berichtet werden. Die engere Conferenz soll als ständiger Referent bei der allgemeinen Lehrerconferenz das Interesse für diese Angelegenheit anregen und wach erhalten und die Direktoren haben in ihren Verwaltungsberichten die Behörden mit betreffendem Rathe zu unterstützen. Insbesondere soll auf die Herstellung eines den Anforderungen eines guten Spielplatzes entsprechenden freien Turnplatzes gesehen und die Anstalt mit den für Ball-, Lauf- und Schleuderspielen erforderlichen Geräthen versehen werden. Betreffs des hierzu erforderlichen erhöhten Aufwandes haben die Direktoren mit den Verwaltungsräthen und Curatorien in Benehmen zu treten. — Die auf Bewegungsspiele und Turnfahrten etc. bezüglichen Druckschriften sollen für die Schulbibliothek angeschafft werden. Andere Verfügungen siehe unter „Chronik".

Chronik.

Nachdem am 21. und 22. April 1882 die Aufnahme-Prüfungen der neuen Schüler Statt gefunden hatten, begann der Unterricht des Schuljahres 1882/83 Montag den 24. April; es ging demselben ein Schulgottesdienst für die katholischen Schüler voraus.

Die Anstalt, welche bisher eine Realschule I. Ordnung war, erhält auf Grund der Circularverfügung des Herrn Cultusministers vom 31. März 1882 die Einrichtung und den Namen eines Realgymnasiums.

Am 6. Juni übersendet das Lehrercollegium ihrem früheren Collegen, Herrn Prof. Dr. Rovenhagen, nachdem er seine definitive Ernennung als Regierungs- und Schulrath bei der Regierung zu Düsseldorf erhalten hatte, eine Glückwunsch- und Anerkennungsadresse, welche der Ober-Sekundaner Josef Buchkremer kunstfertig geschrieben und illustrirt hatte.

Am 25. Juni führte der katholische Religionslehrer Oberlehrer Dr. Degen die von ihm dazu vorbereiteten Schüler in der St. Foilanskirche zur ersten hl. Communion.

Unter dem 10. Juli beantragte Referent bei dem Herrn Oberbürgermeister von Weise seine Pensionirung für den Ostertermin 1883. Dieser Antrag wurde in der Sitzung des Curatoriums des Realgymnasiums vom 15. Juli und von der Stadtverordneten-Versammlung in der Sitzung vom 25. Juli angenommen. Der Herr Oberbürgermeister theilte dem Referenten mit, dass ihm das ganze Gehalt als Pension bewilligt worden sei. Referent erkennt hierin mit dankerfülltem Herzen eine Anerkennung seines guten Willens und der Leistungen des Lehrercollegiums. S. unten.

Am 15. August geleiteten die Schüler und Lehrer den Ober-Tertianer August Strom zu Grabe. Er war beim Baden im Hangeweiher in Folge eines Herzschlages gestorben im blühenden Alter von 16 Jahren. Er ruhe im Frieden!

Durch Verfügung vom 2. September wurde der Candidat des höhern Schulamts, Dr. Pauls, ein früherer Abiturient der Anstalt, dieser zur Abhaltung des Probejahres zugewiesen.

Am 16. September Bestattung des Schreiblehrers Offermanns, gestorben am 14. ej.

Seine Willenskraft erlahmte seit Mitte Juli. Er leitete den Schreibunterricht mit vielem Eifer und Geschick. Friede seiner Seele! Seine Vertretung hatte Lehrer Onstein übernommen und setzte den Unterricht bis Ende November fort. S. unten.

Gegen das Ende des 1. Tertials erkrankte zu unserm grossen Bedauern der Lehrer Dr. Schmitz I. Der ihm ertheilte Urlaub musste bis zum Ende des laufenden Schuljahres verlängert werden.

Der Candidat des höhern Schulamts Grimmendahl wird mit der Übernahme der grössten Zahl der Lehrstunden des erkrankten Collegen betraut. cf. Tabelle. (Verf. vom 1. October.)

Gegen Anfang October trat der wissenschaftliche Hülfslehrer Dr. Sieben aus, um eine Stelle am Gymnasium zu Giessen zu übernehmen. Er hat der Anstalt gute Dienste, insbesondere durch Vertretung von Lehrern, geleistet.

Der Candidat des höhern Schulamts Max Hecking trat bei der Anstalt mittelst Verfügung vom 14. October ein.

Am 10. October wurde die Wahl des Direktors des Realgymnasiums von der Stadtverordneten-Versammlung vollzogen. Eine Verfügung des Königl. Provinzial-Schulcollegiums vom 4. December benachrichtigt das Curatorium, dass die qu. Wahl die höhere Bestätigung nicht erlangt habe.

Die Wahl des Stiftsschullehrers Seulen zum Schreiblehrer des Realgymnasiums in der Sitzung der Stadtverordneten-Versammlung vom 24. November wurde durch Verfügung vom 2. December genehmigt.

Das Curatorium nahm unter dem 19. December und die Stadtverordneten-Versammlung unter dem 22. ej. das Anerbieten des Referenten an, die Direktion eventuell über Ostern 1883 hinaus bis zum Eintritt seines Nachfolgers fortzuführen. S. unten.

Dem Gesanglehrer Concertmeister Fr. Wenigmann ist mittelst Patent vom 22. December der Professor-Titel von dem Herrn Cultusminister verliehen worden. Diese Anerkennung des um die Anstalt und die musikalischen Verhältnisse der Stadt wohlverdienten Collegen wurde von uns und in weiteren Kreisen freudig begrüsst.

Eine Verfügung vom 10. Januar c. verordnet die Abhaltung des Probejahres des Candidaten des höheren Schulamtes Louvens bei dem Realgymnasium.

Am 28. Januar betheiligte sich die Anstalt an der kirchlichen Karlsfeier im Münster.

Am 9. Februar wählte die Stadtverordneten-Versammlung den Oberlehrer beim Gymnasium zu Montabaur, Dr. Neuss, zum Direktor des Realgymnasiums.

Das Königl. Provinzial-Schulcollegium zeigt unter dem 19. Februar an, dass die definitive Neubesetzung der Direktorstelle beim Realgymnasium keinesfalls schon am 1. April c. herbeigeführt werden könne und verfügt mit Zustimmung des Herrn Cultusministers, dass Referent die Direktion der Anstalt bis zum 1. October weiterführe.

In der Lehrerconferenz vom 28. Februar wurde die engere Conferenz für das Turnen gebildet; sie besteht ausser dem Direktor und Turnlehrer aus den Oberlehrern Prof. Dr. Foerster und Prof. Dr. Sieberger und dem Lehrer Onstein.

Ueber die Abiturientenprüfung siehe unten.

Am 17. März Feier des Königsgeburtstages. Schulgottesdienst mit Te Deum und dem Domine, salvum fac imperatorem et regem nostrum in der Foilanskirche, für die katholischen Schüler; die evangelischen und israelitischen Schüler wohnten dem Gottesdienste ihrer Gemeinden bei. Die Schulfeier fand in der Aula der Anstalt Statt und bestand in vierstimmigen Liedern abwechselnd mit dem Vortrag patriotischer Gedichte. Zuletzt Rede eines Unter-Primaners. Ansprache des Direktors, ein Hoch auf den Kaiser und König und die National-hymne.

Das Nähere über die Schlussprüfung und die Schulschlussfeier am 19. und 20. März folgt unten.

Der Gesundheitszustand der Schüler war im Ganzen befriedigender, als in den vorhergegangenen Schuljahren.

Ferien und einzelne freie Tage.

Pfingsten: am 29. und 30. Mai.
Am 5. Juni frei wegen der statistischen Aufnahme.
Herbstferien: vom 21. August bis zum 24. September.
Am 19. October frei wegen der Wahl der Wahlmänner.
Weihnachtsferien: vom 23. December 1882 bis zum 7. Januar 1883.
Am 5. und 6. Februar: Fastnachtstage.
Am 8. März frei wegen der Abiturientenprüfung.
Am 17. März: Königsgeburtstag.
Osterferien: vom 21. März bis zum 8. April.

Frequenz.

Gesammtzahl: 329, incl. 94 neu aufgenommene, 74 im Sommer, 20 im Winter. Darunter waren 224 Katholiken, 78 Evangelische, 27 Israeliten; 269 aus Aachen, 43 Auswärtige (incl. 28 Burtscheider), 17 Ausländer. Es hatten davon die VI. besucht 60, die V. 63, die IV.$_1$ 30, die IV.$_2$ 28, die III.b 53, die III.a 38, die II.b 35, die II.a 7, die I.b 8, die I.a 7. Das Durchschnittsalter beträgt in VI. 11 Jahre; in V. 12^2/$_3$; in Gesammtquarta 13^3/$_1$; in III.b 14^2/$_3$ in III.a für die Einheimischen 15^3/$_1$, für die Auswärtigen 16^1/$_2$; in II.b 16, in II.a für die Einheimischen 16^1/$_3$, für die Auswärtigen 18^1/$_2$; in I.b für die Einheimischen 18^1/$_2$, für die Auswärtigen 18^1/$_4$; in I.a für die Einheimischen 19^2/$_3$, für die Auswärtigen 20^1/$_4$.

Von den Unter-Sekundanern, welche das Zeugniss der Reife für Ober-Sekunda erhielten und damit die wissenschaftliche Befähigung für den einjährig-freiwilligen Dienst nachgewiesen haben, werden 14 am Ende des Schuljahres ins bürgerliche Leben treten.

Schulbibliothek. Lehrapparat. Geschenke.

Neue Anschaffungen werden sehr beschränkt durch den bedeutenden Kostenaufwand für die in früheren Berichten aufgeführten fortlaufenden Zeitschriften etc. etc. und durch die

Buchbinderausgaben. Der Zuwachs der Lehrerbibliothek bestand in: Andresen, Sprachgebrauch und Sprachrichtigkeit im Deutschen; Sanders Lehrbuch der deutschen Sprache für Schule; Wey, Remarques sur la langue française au 19. siècle; Schlegel, Essais littéraires et historiques; Hallam, Introduction to the Literature of Europe in the 15th, 16th and 17th Centuries; Wyss, Die Limburger Chronik; Spee, Der Majordomus Ebruin; Hallam, View of the State of Europe during the Middle Ages; Spillmann, Vom Cap zum Sambesi. Schul-Wandkarten von Europa und von Amerika; Endlicher, Genera plantarum secundum ordines naturales disposita; Schoenherr, Synonyma insectorum; Schleiden, Das Meer; Berliner entomologische Zeitschrift; Gümbel, Die fünf Würfelschnitte.

Die Schülerbibliothek wurde vermehrt durch: Stern, Lexikon der deutschen National-litteratur; Leixner, Illustrirte Geschichte des deutschen Schriftthums; Heliand, nach dem Alt-sächsischen von Simrock; Frauer, Neuhochdeutsche Grammatik; Schulz, Die deutsche Grammatik in ihren Grundzügen; Sommer, Kleine deutsche Sprachlehre; Kehrein, Entwürfe zu deutschen Aufsätzen und Reden; Heintze, Die deutschen Familien-Namen; Tacitus, Germania, Agricola, die Redner, übersetzt von Bötticher; Schroer, Schulgrammatik der lateinischen Sprache; Eng-lische Synonymik von Meurer, Kloepper, Dreser, französische von Kloepper, Meurer und Schmitz; die Gedichte von Coleridge in der Tauchnitzer Ausgabe und The Poetical and Dramatic Works of Coleridge in einer Londoner Ausgabe; Breitinger, die Grundzüge der französischen Literatur- und Sprachgeschichte; Lorinser's Uebersetzung von Calderons geistlichen Festspielen; Krallsen, Friedrich Barbarossa; Gindeley, Geschichte des dreissigjährigen Krieges; Falke, Hellas und Rom; Göpel, Illustrirte Kunstgeschichte; Wägner und Nover, Unsere Vorzeit; Nordisch-ger-manische Götter und Helden; Nover, Nordisch-germanische Götter- und Heldensagen für Schule und Volk; Schalk, Nordisch-germanische Götter- und Heldensagen; Hirt's geographische Bildertafeln; Dronke's Leitfaden für den Unterricht in der Geographie; Lehnert, Um die Erde; Steinhauser, Erde und Mond; Kiepert, Historisch-geographischer Atlas der alten Welt; Becker, die Sonne und die Planeten; Klein, Allgemeine Witterungskunde.

Geschenkt wurden der Lehrerbibliothek: Von dem Prof. der Rechtswissenschaft Herrn Dr. juris Loersch zu Bonn als Fortsetzung Band 10 des Correspondenzblattes des Nieder-rheinischen Vereins für öffentliche Gesundheitspflege und der erste Jahrgang des Centralblattes für allgemeine Gesundheitspflege. Organ des Niederrheinischen Vereins für öffentliche Gesund-heitspflege, herausgegeben von Prof. Dr. Finkelnburg und Sanitätsrath Dr. Lent; von dem Kaufmann Herrn Arthur Loersch zu Aachen als Fortsetzung das 38. Heft der Annalen des historischen Vereins für den Niederrhein; von den betreffenden Direktionen die Festschriften zu der Feier des 50jährigen Bestehens des Friedrich-Wilhelms Gymnasiums zu Köln und des Realgymnasiums zu Neisse; von dem Herrn Cultusminister als Fortsetzung den 13. und 14. Band von Palästrinas Werken; von dem Unter-Sekundaner Mathée acht Hefte des Journal universel d'Electricité.

Für den naturwissenschaftlichen Apparat wurden angeschafft: Eine Gramme'sche magneto-elektrische Maschine; eine Edison'sche und Swan'sche elektrische Lampe; ein Planté'-sches Element: de la Rive's Apparat; einige zur Elektrisirmaschine gehörige Apparate; eine August'sche Magnetnadel; Talbot's photographischer Apparat; fluorescirende Würfel und Lö-sungen; ein Reflexions-Apparat; mikroskopische Präparate; ein Apparat zur Demonstration der

Wiederzusammenziehung erhitzter Körper; ein Compressionsfeuerzeug von Glas; ein Stab-Apparat für Longitudinalschwingungen; Quinckes Interferenz-Apparat; Stahlstäbe auf Resonanzkasten. Zungen-Pfeife C; Glocke auf Stativ nebst Messingkügelchen; Marmorplatte und elfenbeinerne Kugel; ein bergangehender Cylinder; ein Endosmometer; ein Uhrwerkmodell; ein Modell einer Brückenwaage; ein Mikrometer. — Ein galvanoplastischer Apparat; ein Spektroskop nach Browning; ein Platintigel mit Deckel; Reagenzienflaschen mit eingebrannter Etiquette; ein Satz feine Gewichte; ein Gasentwickelungsapparat; eine Glasglocke mit Hahn; eine Gaswaschflasche; eine Magnesiumlampe mit einer Rolle Magnesiumband; eine Eismaschine nach Reinhardt; ein Quecksilber-Reinigungsapparat; Gaslampen.

Für die naturhistorischen Sammlungen wurden Krystalle und zur Erläuterung dieser Sammlungen eine Anzahl naturbeschreibender Werke mit Abbildungen angeschafft.

Auch in diesem Jahre wieder schenkte Herr Oberlandesgerichtsrath Arnold in München als Fortsetzung 84 Exemplare Lichenes exsiccati.

Die neuen Anschaffungen für den Zeichenapparat bestanden in mehreren vom Zeichenlehrer Salm ausgeführten Wandtafeln, enthaltend elementare Vorlagen, Vorlagen nach Körpern, grosse Kopfstudien, ganze Figuren; ferner in Gypsabgüssen und Holzmodellen, in Koch, Die schönsten Blätter aus Piranesi; Boeklen, Vorlagewerk für elementares und constructives Zeichnen; Häuselmann und Ringger, Taschenbuch für das farbige Ornament.

An Geldgeschenken von ausgetretenen Schülern erhielt Referent von dem Unter-Sekundaner Pappert 20 M., von N. 50 M., von N. 50 M., von den Abiturienten August Croon und Richard Croon je 50 M. Diese Beträge wurden in die Aachener Sparkasse gelegt und dem schon angesammelten Fonds hinzugefügt, aus welchen hoffentlich bald ein zweites Schüler-stipendium errichtet werden wird.

Am 16. Februar c. erhielt Referent von dem Präses des Aachener Karnevalsvereins, Herrn Tuchfabrikanten P. Boehmer, 75 Mark, welche nach der Intention des Geschenkgebers zur Unterstützung eines Schülers verwandt wurden.

Entlassungs-Prüfung.

Unter dem Vorsitz des Referenten, der durch betr. Verfügung des Königl. Provinzial-Schulcollegiums mit der Funktion des Königl. Commissarius beauftragt worden war, fand am 8. März die Abiturienten-Prüfung Statt. Es waren zu derselben die sieben Schüler der Ober-Prima zugelassen worden; sie erhielten das Zeugniss der Reife. Von den Abiturienten will sich Albert Marquardt, dem die mündliche Prüfung erlassen wurde, dem Studium der Natur-wissenschaften auf der Universität widmen, Julius Hirsch und Alfred Tilger dem der Forst-wissenschaft, Johann Körfer und Oscar Mahlau dem Postfache, während Josef Unverfehrt Mathematik und Josef Weismann moderne Philologie auf der Universität studiren werden.

Die Themata für die Prüfungsarbeiten waren:

1. Deutscher Aufsatz:

Wer durchs Leben
Sich frisch will schlagen, muss zu Schutz und Trutz
Gerüstet sein.

2. Uebersetzung aus dem Lateinischen ins Deutsche: Caesar de B. G. VII, 33 und 34.

3. Französischer Aufsatz: La part que prit la Prusse aux guerres contre Napoléon Ier.

4. Uebersetzung aus dem Deutschen ins Französische: Der Tod Wallensteins aus Schillers Geschichte des 30jährigen Krieges.

5. Uebersetzung aus dem Deutschen ins Englische: Friedensvorschläge Ludwigs XIV. im Jahre 1697.

6. Mathematische Aufgaben: a) Aus der Algebra:

$$x : y \qquad y : z$$
$$x + y + z \qquad 21.$$
$$(x - y)^2 + (x - z)^2 + (y - z)^2 = 126.$$

b) Aus der ebenen und körperlichen Geometrie.

Wie gross ist das reguläre Dreieck in dem Kreise, an welchen aus einem um a Längeneinheiten von der Peripherie entfernten Punkte eine Tangente von doppelter Länge gezogen werden kann?

c) Aus der Trigonometrie.

Die drei Seiten eines Dreiecks verhalten sich wie 5 : 8 : 9, und die Summe der Flächeninhalte der drei Quadrate, welche über den Dreieckseiten errichtet werden können, beträgt 680 qm. Wie gross sind die Seiten und Winkel dieses Dreiecks? Wie gross ist der Radius des diesem Dreiecke eingeschriebenen Kreises?

d) Aus der analytischen Geometrie.

Für eine durch die Gleichung

$$9 x^2 + 16 y^2 \qquad 144$$

gegebene Ellipse sei die Abscisse eines Punktes P gleich 2. Es soll die Gleichung der durch P gehenden Tangente, der Neigungswinkel der letzteren gegen die grosse Axe ermittelt, und das zwischen den Coordinatenaxen liegende Stück der Tangente berechnet werden.

7. Physikalische Aufgabe.

Eine Bombe soll unter einem Elevationswinkel von 30° nach einem 2500 m. entfernten Ziele geworfen werden. Wie gross muss die Geschwindigkeit des Geschosses, und wie gross die Brennzeit des Zünders sein? Welches ist die grösste Höhe, die das Projectil erreicht? Bei welchem anderen Elevationswinkel würde die Wurfweite dieselbe geblieben sein, die Anfangsgeschwindigkeit als gleich angenommen? Würden sich alsdann auch Wurfzeit und grösste Höhe verändert haben?

Auf ein mit Schwefelkohlenstoff gefülltes Hohlprisma, dessen brechender Winkel γ 56° ist, soll man einen Lichtstrahl unter einem solchen Winkel α ausfallen lassen, dass die Gesammtablenkung η des Strahles ein Minimum werde. Der Brechungsexponent n 1,644. Wie gross muss der Einfallswinkel sein, und wie viel beträgt die Ablenkung? Welche Ablenkungen geben aber bei demselben Prisma Einfallswinkel, die um 1° grösser, oder um 1° kleiner sind, als der zu berechnende der kleinsten Ablenkung?

Der Schlussgottesdienst für die katholischen Schüler am Palmsonntag den 18. März.

Oeffentliche Schlussprüfung

in dem Klassenzimmer für Physik.

Montag den 19. März.

Vormittags von 8 bis 1 Uhr.

Prima: Physik, Oberlehrer Prof. Dr. Sieberger.
Latein, Lehrer Marjan.

Ober-Sekunda: Chemie, Oberlehrer Dr. Lieck.
Latein, Grimmendahl.

Unter-Sekunda: Geschichte, Lehrer Greve.
Englisch, Lehrer Schmitz II.

Ober-Tertia: Naturgeschichte, Oberlehrer Prof. Dr. Förster.
Französich, Lehrer Dr. Spölgen.

Unter-Tertia: Geometrie, Lehrer Onstein.
Deutsch, Lehrer Greve.

Nachmittags von $2^{1}/_{2}$ bis $6^{1}/_{2}$ Uhr.

Quarta, 1. Cötus: Geometrie, Dr. Pauls.
Latein, Lehrer Krick.

Quarta, 2. Cötus: Algebra, Lehrer Onstein.
Französich, Lehrer Schmitz II.

Quinta: Geographie, Lehrer Dr. Meurer.
Latein, Grimmendahl.

Sexta: Zoologie, Hecking.
Latein, Lehrer Dr. Meurer.

Oeffentliche Schlussfeier

in der Aula.

Dienstag den 20. März,

von 3 Uhr Nachmittags ab.

I. Gesang. Stumm schläft der Sänger, von Silcher.
Ludwig Köttgen, VI.: Rheinsage, von Geibel.
Paul Servos, VI.: Die Heinzelmännchen, von Kopisch.
Ferdinand Kloke, V.: Der Winter ein schlimmer Wirth, von Dieffenbach.
Fritz Kleinen, V.: Das Riesenspielzeug, von Chamisso.
Wilhelm Schmidt, V.: L'âme enfermée, par Le Sage,
Josef Jannes, IV.₁: Ostern, von Gottschall.

II. Gesang. Vöglein Im Walde, von Dürrner.

Jacob Kratz, IV.₁: L'espérance et le sommeil, par Voltaire.

Josef Sternefeld, IV.₂: Das Volk in Waffen, von Gerok.

Waldemar Schmitz, IV.₂: La laitière et le pot au lait, par La Fontaine.

Johann vom Hofe, III.ᵇ: Die Kaiserwahl, von Uhland.

Richard Marx, III.ᵇ: My Heart 's in the Highlands, by Burns.

Alwin Fette, III.ᵇ: L'Arabe au tombeau de son coursier, par Millevoye.

III. Gesang. Das Kirchlein, von Becker.

Wilhelm Wilden, III.ᵃ: Der Graf von Habsburg, von Schiller.

Wilhelm Kropp, III.ᵃ: Les oiseaux, par Béranger.

Hugo Bein, III.ᵃ: Lord Ullin's Daughter, by Campbell.

Fritz Sinn. II.ᵇ: Das Eleusische Fest, von Schiller.

Carl Mathée, II.ᵇ: Marine, par Emile Deschamps.

IV. Gesang. Mondnacht, von Seidelmann.

Max Kribben, II.ᵇ: Ye Mariners of England, by Campbell.

Erich Lindow, II.ᵃ: Louis XI et François de Paule, aus Casimir Delavigne's Trauerspiel Louis XI.

Josef Buchkremer II.ᵃ: Henry V. to the Ambassadors of France, aus Shakspeare's Henry V.

Fritz Kelleter, I.ᵇ: Le cycle de Charlemagne (eigene Arbeit).

Abschiedsrede des Abiturienten Alfred Tilger.

Entlassung der Abiturienten.

V. Gesang. Vaterlandslied, von Marschner.

Nach der Schlussfeier erhalten die Schüler von ihren Ordinarien in den einzelnen Klassen ihre Zeugnisse und die den Ascensus betreffenden Mittheilungen.

Osterferien. Anmeldung neuer Schüler.

Die Osterferien dauern vom 21. März bis incl. 8. April.

Die Anmeldungen neuer Schüler werden von dem Referenten in seiner Wohnung, Klosterplatz 11, während der Osterferien in den Morgenstunden von 10 bis 1 Uhr entgegengenommen.

Zu den Aufnahme-Prüfungen müssen sich die neu angemeldeten Schüler Freitag den 6. April, Morgens 8 Uhr, im Schulgebäude einfinden.

Der Unterricht des neuen Schuljahrs beginnt Montag den 9. April, Morgens 8 Uhr. Es geht demselben ein Schulgottesdienst für die katholischen Schüler in St. Foilan voraus, welcher um 7½ Uhr beginnt.